U0656100

"十四五"职业教育国家规划教材

中等职业教育航空服务专业改革创新教材

民航安全检查

第 2 版

主　编　张　晗
副主编　郭婷婷　郑艳秋
参　编　于　晶　王　伟　马玉兰
　　　　刘　洋　高　文　黄　攀

机械工业出版社

本书分为证件检查、人身检查和物品检查三个项目，共十个任务，内容涵盖居民身份证件的识别，有效乘机证件的识别与处理，金属探测门和金属探测器的操作与使用，人身检查的操作程序以及物品检查的程序，常见违禁物品的识别与处理等内容。通过本书的学习，能够掌握民航五级安检员的操作要求，为考取职业资格证书作铺垫。

本书贴近实际工作的真实场景，注重能力培养，以学生为教学主体，设计灵活多样的任务，创设真实情境，引导学生进行观察、实践、收集资料、合作交流以及体验和完成真实任务等。本书在考核环节中实施多元化评价，使学生在各种任务活动中掌握应具备的职业能力。

本书既可供职业院校航空服务专业学生使用，也可以作为民航安检员工培训教材或参考资料。

图书在版编目（CIP）数据

民航安全检查/张晗主编.—2版.—北京：机械工业出版社，2021.8（2024.6重印）

中等职业教育航空服务专业改革创新教材

ISBN 978-7-111-68765-8

Ⅰ.①民…　Ⅱ.①张…　Ⅲ.①民航运输–航空安全–安全检查–高等职业教育–教材　Ⅳ.①F560.81

中国版本图书馆CIP数据核字（2021）第144069号

机械工业出版社（北京市百万庄大街22号　邮政编码100037）
策划编辑：李　兴　责任编辑：李　兴　邢小兵
责任校对：张　力　封面设计：马精明
责任印制：刘　媛
涿州市般润文化传播有限公司印刷
2024年6月第2版第4次印刷
184mm×260mm·7.25印张·118千字
标准书号：ISBN 978-7-111-68765-8
定价：26.00元

电话服务　　　　　　　　　　网络服务
客服电话：010-88361066　　机　工　官　网：www.cmpbook.com
　　　　　010-88379833　　机　工　官　博：weibo.com/cmp1952
　　　　　010-68326294　　金　　书　　网：www.golden-book.com
封底无防伪标均为盗版　　机工教育服务网：www.cmpedu.com

关于"十四五"职业教育
国家规划教材的出版说明

为贯彻落实《中共中央关于认真学习宣传贯彻党的二十大精神的决定》《习近平新时代中国特色社会主义思想进课程教材指南》《职业院校教材管理办法》等文件精神，机械工业出版社与教材编写团队一道，认真执行思政内容进教材、进课堂、进头脑要求，尊重教育规律，遵循学科特点，对教材内容进行了更新，着力落实以下要求：

1.提升教材铸魂育人功能，培育、践行社会主义核心价值观，教育引导学生树立共产主义远大理想和中国特色社会主义共同理想，坚定"四个自信"，厚植爱国主义情怀，把爱国情、强国志、报国行自觉融入建设社会主义现代化强国、实现中华民族伟大复兴的奋斗之中。同时，弘扬中华优秀传统文化，深入开展宪法法治教育。

2.注重科学思维方法训练和科学伦理教育，培养学生探索未知、追求真理、勇攀科学高峰的责任感和使命感；强化学生工程伦理教育，培养学生精益求精的大国工匠精神，激发学生科技报国的家国情怀和使命担当。加快构建中国特色哲学社会科学学科体系、学术体系、话语体系。帮助学生了解相关专业和行业领域的国家战略、法律法规和相关政策，引导学生深入社会实践、关注现实问题，培育学生经世济民、诚信服务、德法兼修的职业素养。

3.教育引导学生深刻理解并自觉实践各行业的职业精神、职业规范，增强职业责任感，培养遵纪守法、爱岗敬业、无私奉献、诚实守信、公道办事、开拓创新的职业品格和行为习惯。

在此基础上，及时更新教材知识内容，体现产业发展的新技术、新工艺、新规范、新标准。加强教材数字化建设，丰富配套资源，形成可听、可视、可练、可互动的融媒体教材。

教材建设需要各方的共同努力，也欢迎相关教材使用院校的师生及时反馈意见和建议，我们将认真组织力量进行研究，在后续重印及再版时吸纳改进，不断推动高质量教材出版。

机械工业出版社

前　言

党的二十大报告指出，"我们要坚持教育优先发展、科技自立自强、人才引领驱动""全面提高人才自主培养质量，着力造就拔尖创新人才"。"民航安全检查"为航空服务专业的专业核心课程，该课程结合《民航安全检查员》国家职业标准及《民航安全检查》职业技能等级证书考核要求，打破以学科体系为主导的传统课程模式，以民航安全检查岗位的各项工作任务为载体，以各项工作任务所需完成的典型工作流程展开设计。课程内容的选取紧紧围绕着完成工作任务的需要，同时又充分考虑中等职业教育对专业理论知识学习的需要，结合相应的职业资格标准认定的要求和中等职业学校学生的认知特点，创设民航安检真实任务，设计任务导入、任务实施、考核评价等环节，以图片、微课视频等作为辅助，配套知识准备、知识拓展、理论练习、案例拓展等内容，立足学生的民航精神和爱国主义教育，落实工作作风和技能报国教育，育德技双馨民航服务人才。

本书根据民航地面安全检查岗位的实际工作流程编写，包括证件检查、人身检查、物品（箱包）检查三个典型的项目以及身份证的核对、机票、身份证、登机牌的核对等十个相关的任务编排完成。全书按照任务导入、相关知识、任务实施、拓展知识、考核评价以及练一练等板块构成，贴近了民航安全检查工作实际，突出了技能的操作。本书融入学生考取民航安检岗位证书的考证要求和标准，设置二维码微课资源，充分利用现代信息技术详细呈现教学重点问题，为学生提供个性化学习路径，解决技能操作的教学难点。既方便教师的教，也方便学生的学；既可以供职业院校航空服务专业、安全检查专业学生使用，也可以作为民航安检员工的培训教材或参考资料。

本书各个学习项目和学习任务的设置，以民航安全检查岗位工作任务为中心，整合相关理论和实践，实现做学一体化，充分体现以学生为中心的教学理念，实现做中学、做中教，激发学生的学习兴趣。设计灵活多样的任务，创设真实情景，引导学生进行观察、实践、收集资料、合作交流以及体验和反思等活动，使学生在各种任务活动中掌握应具备的职业能力。

本书由张晗担任主编，郭婷婷、郑艳秋担任副主编，参加编写的还有于晶、王伟、马玉兰、刘洋、高文和黄攀。本书在编写过程中，得到了首都机场人力资源部王建国总监、首都机场安保集团有限公司曹金命科长及在机场工作的毕业生的宝贵意见和建议，在此一并表示衷心的感谢。

为方便教学，本次修订增补了二维码微课视频及其他电子资源。凡选用本书作为教材的教师均可登录机械工业出版社教育服务网（www.cmpedu.com）免费下载或联系编辑索取（010-88379196）。

限于编者水平，书中难免存在错漏之处，恳请读者批评指正。

编　者

二维码索引

目　录

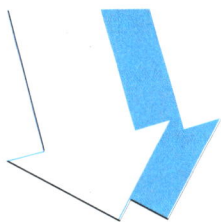

项目一　证件检查

任务一　查验居民身份证件

/学习目标/

1. 能按照规定程序进行居民身份证件的检查。
2. 掌握身份证识别器的使用方法及特殊情况的处理。
3. 在学习任务中锻炼学生认真、严谨的工作态度。

/能力目标/

掌握居民身份证件检查的要领、方法。

▶ 任务导入

旅客张某从北京首都国际机场 T3 航站楼乘坐国航航班前往深圳，此刻正通过验证台接受证件检查。这时正在执勤的安检员小吴应该如何对旅客张某进行证件检查与核对呢？

▶ 知识准备

一、第二代居民身份证件的式样

第二代居民身份证采用非接触式集成电路芯片制成卡式证件，规格为 85.6mm×54mm×1.0mm。证件正面印有"中华人民共和国居民身份证"的名称，采用彩虹扭索花纹（也称底纹），颜色以浅蓝色至粉红色再至浅蓝色的顺序排列，颜色衔接处相互融合，过渡自然。庄严醒目的红色"国徽"图案在证件正面左上方突出位置；证件名称分两行排列于"国徽"图案右侧证件上方位置；以点画线构成的浅蓝色写意"长城"图案位于国徽和证件名称下方证件版面中心偏下位置，寓意"长治久安"。签发机关和有效期限两个项目位于证件下方。居民身份证正面式样如图 1-1 所示。

证件背面印有与正面相同的彩虹扭索花纹,颜色也与正面相同;还印有姓名、性别、民族、出生日期、住址、公民身份号码和本人相片七个项目及持证人相关信息;定向光变色的"长城"图案位于性别项目的位置,光变色存储的"中国 CHINA"字符位于相片与公民身份号码项目之间的位置。居民身份证背面式样如图 1-2 所示。

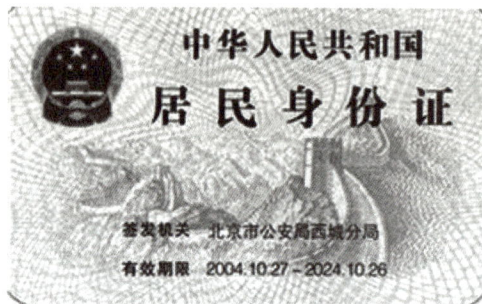

图 1-1　居民身份证正面式样　　　　　图 1-2　居民身份证背面式样

少数民族证件采用汉字与少数民族文字。根据少数民族文字书写特点,采用少数民族文字的证件有两种编排格式。例如一种是同时使用汉字和蒙文的证件,蒙文在前,汉字在后;另一种是同时使用汉字和其他少数民族文字(如藏、壮、维、朝鲜文等)的排版格式,少数民族文字在上,汉字在下。蒙古族身份证式样如图 1-3 所示。

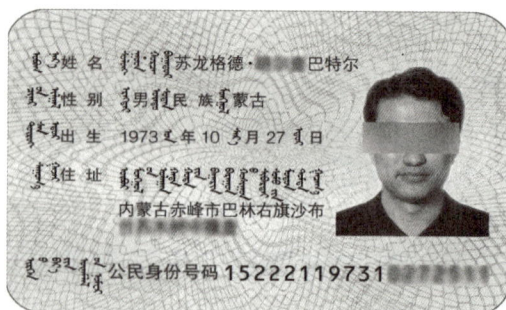

a)　　　　　　　　　　　　　　　　b)

图 1-3　蒙古族身份证式样

a) 正面　b) 背面

二、第二代居民身份证编号编排规则

18 位编码的第二代居民身份证,1 ～ 6 位为行政区划代码,行政区划代码只表示持证人第一次申领户口的所在地；7～14为出生日期代码；15～17位为分配顺序代码，奇数分配给男性，偶数分配给女性。查验或核查时，应注意核对持证人证件编号和性别的对应关系是否符合男女性分配顺序代码分别为奇偶数的规律；第18位为识别码或校检码。居民身份证编号为持证人终生号码。临时身份证编号与居民身份证编号是一致的。第二代居民身份证编号编排规则见表1-1。

表1-1 第二代居民身份证编号编排规则

行政区划代码						出生日期代码								顺序代码			校验码
×	×	×	×	×	×	×	×	×	×	×	×	×	×	×	×	×	×
省		市		县		年				月		日		奇数分配给男性偶数分配给女性			0～9,X

此外，身份证的核发有效期限与持证人年龄之间也存在一定关系，见表1-2。

表1-2 证件有效期限与持证人年龄之间的关系

年龄段	0～16岁	16～25岁	26～45岁	45岁以上
有效期限	5年	10年	20年	长期

三、临时身份证

临时身份证为单页卡式证件，其规格、登记项目均与第二代居民身份证相同。临时身份证的有效期限为3个月，有效期限自签发之日起计算。临时身份证的正面印有蓝色的长城、群山和网纹图案；印有黄色的网状图案，并在右上角粘贴印有天安门广场图案的全息胶片标志。矩形全息胶片标志规格为12mm×9mm，由拱形环绕的天安门广场、五星和射线组成。图案呈多种光谱色彩。全息胶片标志粘贴在证件背面右上角，分别距证件卡上边和右边为3mm。临时身份证正面式样如图1-4所示。

图1-4 临时身份证正面式样

临时身份证背面应贴有本人近期照片，写明姓名、性别、民族、出生日期、住址（工作单位），有效期限、签发机关、公民身份号码，并在照片下方加盖骑缝章。临时身份证背面式样，如图 1-5 所示。

图 1-5　临时身份证背面式样

▶ 任务实施

⇨ **第一步**：证件检查的准备工作。

（1）验证员按时到达现场，做好工作前的准备。按以下内容办理交、接班手续：上级的文件、指示，执勤中遇到的问题及处理结果，设备使用情况，遗留问题及需要注意的事项等。

（2）验证员到达验证岗位后，将安检验讫章放在验证台相应的位置进入待检状态，查看第二代身份证识别仪能否正常工作；检查安检信息系统是否处于正常工作状态，并输入 ID 号进入待检状态。第二代身份证识别仪式样如图 1-6 所示。

图 1-6　第二代身份证识别仪式样

⇨ **第二步**：证件检查程序。

（1）人证对照。验证员接证件的同时，就要注意观察持证人的"五官"特征，如遇旅客戴墨镜、围巾遮挡面部、戴口罩、戴帽子等影响检查的情况，应请其摘下，以便准确核对，再看证件上的照片与持证人"五官"是否相符。如果有疑问，一定要核实清楚，必要时请示值班主管。人证对照的工作情境如图1-7所示。

图 1-7　人证对照式样

（2）核对"三证"。一是核对证件上的姓名与客票上的姓名是否一致，如果名字不一样，一定要让旅客到航空公司柜台重新办理；二是核对客票是否有效，有无涂改痕迹（电子客票无须核对此项），查看客票与登机牌上的始发地与目的地是否一致；三是核对登机牌所注航班是否与客票一致，对登机牌上的日期、航班号、始发地、目的地、旅客姓名、登机时间等信息进行查验；四是查看证件是否有效。

（3）扫描旅客的登机牌，自动采集并存储旅客相关信息，同时查对持证人是否为查控对象。对旅客登机牌上的条码进行扫描，读取旅客信息；如果验证系统未录入旅客信息，则采用手工输入方式录入。遇到同名同姓的，一定要核实清楚，首先应该正确地使用文明用语，例如"您好，可以说一下您的身份证号码吗？"根据旅客的回答，不时观察旅客的表情，同时采用身份证识别仪识别证件，如果没问题则感谢旅客的配合并放行；假如无法排除疑点，可说："您好，您的证件与我们要求不符，我得请示值班主管，请稍等！"然后把旅客移交值班主管，填好移交单据。

（4）查验无误后，按规定在登机牌上加盖验讫章放行。

➡ **第三步**：处理过期身份证件。

如果在核对证件中发现旅客所持居民身份证件过期六个月以内的，可予以放行；超过六个月的，不予放行；旅客所持临时居民身份证过期，十五天以内的须经站内值班主管批准放行，超过十五天的不予放行。

➡ **第四步**：处理查控对象。

在检查中发现查控对象时，应根据不同的查控要求，采取不同的处理方法。

发现被通缉的犯罪嫌疑人时，要沉着冷静、不露声色，待其进入安检区时，按预定方案处置，同时报告值班主管，尽快与布控单位取得联系；将嫌疑人移交布控单位时，要做好登记，填写移交清单并双方签字。对同名同姓的旅客，在没有十足把握的情况下应及时报警处理。

⇨ **第五步**：处理特殊情况。

如遇携带枪支乘机的警卫人员，检查员应认真查验其有效身份证件，省、自治区、直辖市公安厅（局）开具的持枪警卫人员证明信和本人"持枪证"，核对无误后填写"携枪警卫人员登机通知单"及存根，上报值班班长，值班班长派人将"携枪警卫人员登机通知单"及存根书面通知机组，通知单交机组，存根由要客通道自行留存。持枪证式样如图1-8所示；持枪证明信式样如图1-9所示。

图1-8　持枪证式样

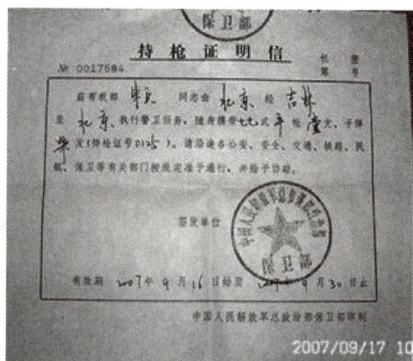

图1-9　持枪证明信式样

⇨ **第六步**：办理交班接班手续。

根据工作过程中出现的问题记录当天工作情况及仪器使用情况，做好交班接班手续。强调安检人员在位情况；小结当天执勤情况；表扬好人好事，批评不良现象；对下一班勤务提出具体要求；对工作中发生的问题应及时上报。

▶ **知识拓展**

一、第二代居民身份证识别器介绍

第二代居民身份证识别器采用TypeB非接触IC卡阅读识别方式。

1. 产品简介

身份证核验终端是一种便携式身份证核验设备，将身份证阅读器与计算机集成，可以实时阅读、显示身份证个人信息，包括文字、相片，能通过网络接口与人口、身份证等数据库进行远程数据交换、身份核验，还可以下载重点查控人员名单，用于网上追逃、重点人员布控等。

2. 产品描述

产品主要技术指标符合居民身份证阅读器标准和 ISO14443(TypeB) 国际标准，可外接标准键盘、鼠标、显示器，提供 RS-232C、ECP、USB、LAN、MODEM 等多种计算机接口；可加装指纹采集器、人脸识别摄像头，现场对比持证人的指纹和人像，进行"人证同一性"认定；可以外接数码采集设备，采集个人相片、文字等信息，作信息采集设备使用；开机后立即进入阅读界面，阅读软件自动启动并运行。

二、验讫章使用管理制度

验讫章实行单独编号、集中管理，落实到各班（组）使用。安检验讫章不得带离工作现场，遇有特殊情况需带离时，必须经安检部门主管批准。在乘机有效证件、客票、登机牌核对没有问题的情况下必须加盖安全验讫章。

三、旅客因故不能出示居民身份证件的处理

（1）遇到全国人民代表大会代表、全国政协委员凭出席本届全国人民代表大会代表证、全国政协委员证放行。

（2）出席全国或省、自治区、直辖市的党代会，人代会，政协会，工、青、妇代会和劳模会的代表，凭所属县、团级（含）以上党政军主管部门出具的临时身份证放行。

（3）省、部级（含副职）以上要客，如无居民身份证，凭省、部级（含）以上单位出具的临时身份证明信放行。

（4）解放军、武警部队官兵及其文职干部、离退休干部、院校学员和职工，可凭所在部队团以上单位出具的临时身份证明放行；退伍军人凭退伍证，专业军人凭专业证，自签发日期起六个月内可以放行。

（5）对持中华人民共和国外交护照、公务护照、因公普通护照和因私普通护照的，在护照有效期内可以放行。

（6）十六岁以下未成年人，凭学生证、户籍簿或者户籍所在地公安机关出具的身份证明放行；十二岁以下儿童，凭半票或十分之一客票，免检身份证件。

（7）遗失居民身份证的旅客，凭户籍所在地派出所出具的临时身份证明放行。在户籍所在地以外被盗或丢失的，凭发案、报失地公安机关（地方公安机关或民航公安机关）出具的临时身份证明放行。

（8）旅客在申办居民身份证期间，可凭贴有本人照片，并加盖户籍所在地派出所户籍专用章的申领居民身份证回执放行。

（9）境外人员在中国旅行期间遗失护照证件的，凭公安机关出入境管理部门出具的遗失证明（须贴有本人照片、注明有效期）放行。

（10）对持民航公安机关出具的"乘坐民航飞机临时身份证明"的旅客，在有效期内予以放行。

阅读与思考

某日13:10分左右，新疆石河子机场安全检查站执行"石河子—喀什（CZ9964）"航班安全检查任务时，验证员小高对一名男性旅客进行人证对照检查时，发现该证件疑似伪造身份证。经仔细核查，判断该旅客所持身份证为伪造证件，验证员小高立即将此情况上报当日安检值班主管，并由值班主管将该旅客移交机场派出所。

严谨的工作态度、过硬的业务素质、强烈的责任感是一名优秀的安检员必不可少的品质。

考核评价

小组按角色分别扮演旅客与安检人员，进行居民身份证件查验任务，将评价考核结果填入表1-3。

表1-3 查验居民身份证件考核评价表　　总得分_____

项　目	评分标准	小组自评	小组互评	教师点评	实际得分
仪容仪表	1. 穿着统一制服；用发带盘发，无碎发；未佩戴饰品（手表、手链、耳环、项链等）；未染指甲，指甲干净。20分 2. 穿着统一制服；用发带盘发，有碎发；未佩戴饰品（手表、手链、耳环、项链等）；未染指甲，指甲干净。15分 3. 未穿制服；盘发有碎发；佩戴有少量饰品；未染指甲，指甲干净。10分 4. 未穿制服；未盘发；佩戴造型夸张的饰品；指甲不干净。5分				

（续）

项　　目	评 分 标 准	小组自评	小组互评	教师点评	实际得分
站姿微笑	1. 站姿规范，微笑自然。20分 2. 站姿较规范，微笑基本自然。15分 3. 有微笑，站姿不符合岗位规范。10分 4. 无微笑，站姿不符合岗位规范。5分				
文明用语	1. 能正确使用岗位文明用语。20分 2. 较准确使用岗位文明用语。15分 3. 基本能使用岗位文明用语。10分 4. 不能使用岗位文明用语。5分				
证件查验	1. 能够准确按照操作流程识别旅客的证件、登机牌。20分 2. 较准确按照操作流程识别旅客的证件、登机牌。15分 3. 基本能识别旅客居民身份证的防伪暗记以及登机牌信息的一致性。10分 4. 不能正确识别旅客的身份证件和登机牌。5分				
动作规范	1. 能够按照一看、二对、三问的方法识别证件，加盖安全验讫章。20分 2. 符合人证对照，核对三证，扫描登机牌，加盖安全验讫章。15分 3. 基本符合人证对照，核对三证，扫描登机牌，加盖安全验讫章。10分 4. 基本符合证件检查程序，忘记加盖安全验讫章。5分				

注：实际得分＝教师点评40%＋小组互评30%＋小组自评30%。

练一练

1. 填空题

（1）18位居民身份证1～6位代表＿＿＿＿＿＿，7～14位代表＿＿＿＿＿＿，15～17代表＿＿＿＿＿＿，奇数分配给＿＿＿＿＿＿，偶数分配给＿＿＿＿＿＿，第18位为＿＿＿＿＿＿。

（2）临时身份证的有效期为＿＿＿＿＿＿＿。

2. 简答题

（1）遇有疑似布控对象时，安检员应该怎么办？

（2）查验旅客证件时，遇有疑似旅客冒用他人证件时，安检员应该如何处理？

3.案例分析

旅客张先生乘坐某航班飞往西安，换好登机牌（蓝色）后，准备进行安全检查。由于疏忽，张先生误用了之前的西安咸阳机场的登机牌（红色）。然而安检员未发现错用的登机牌，并"顺利"地在已经有西安咸阳机场骑缝章登机牌上加盖了两枚该机场骑缝章，表示顺利通过。在张先生发现自己的登机牌与其他人的不同时才发现自己使用了别的机场已经作废的登机牌进行了一系列登机手续，而安检人员并未发现并向其进行必要的提醒。这让张先生对该机场安检工作能力产生了质疑，并进行了投诉。

讨论：为什么安检员会在已经使用过的登机牌上盖安检验讫章？合格的安检员应履行的岗位职责和程序是什么？

任务二　识别机场控制区通行证件

/学习目标/

1. 能正确识别机场控制区通行证件。

2. 了解机场控制区的种类、式样及适用范围。

3. 在控制区通行证件的学习中锻炼学生认真、细致的工作态度，养成良好工作习惯。

/能力目标/

掌握查验机场控制区通行证件的程序及方法。

▶▶ 任务导入

2021年4月，上海虹桥国际机场免税店的一名员工拿着手机和机场限定区域的通行证，一路从机场控制区工作人员通道到达登机口，被边检民警抓获。为什么会出现这种情况？机场工作人员应该如何做才能避免类似事件的发生？

▶▶ 知识准备

一、机场控制区通行证

机场控制区通行证件可采用英文字母来表示允许持证人通过（到达）的区域，

或采用阿拉伯数字来表示允许持证人通过（到达）的区域，还可以采用中文直接描述持证人可通过（到达）的区域，如机场控制区、机场隔离区、停机坪等。机场控制区通行证式样如图 1-10 所示。

图 1-10　机场控制区通行证式样

二、民航统一制作的证件

1. 空勤登机证

空勤登机证适用于全国各民用机场控制区（含军民使用机场的民用部分）。空勤人员执行飞行任务时，须穿着空勤制服，佩戴空勤登机证，经过安全检查进入候机隔离区或登机。因临时租用飞机或借调人员等原因，空勤人员须登上与其登机证件适用范围不同的其他航空公司飞机时，机长应主动告之飞机监护人员。空勤登机证式样如图 1-11 所示。

图 1-11　空勤登机证式样

2. 公务乘机通行证

公务乘机通行证全称为"中国民航公务乘机通行证"。该证上有姓名、性别、单位、前往地点、使用期限、签发人、签发日期、备注等项目。签发公务乘机通行证应当打印或用蓝黑、碳素墨水笔手工填写，字迹工整，不得涂改，“骑缝章”和“单位印章”处加盖签发单位印章。

每张公务乘机通行证仅向 1 人签发，有效期一般为 7 日，特殊情况下最长不得超过 3 个月，前往地最多填写 4 个，应当用大写数字表明地点数目。通行证只限在证件“前往地点”栏内填写的机场适用。公务乘机通行证式样如图 1-12 所示。

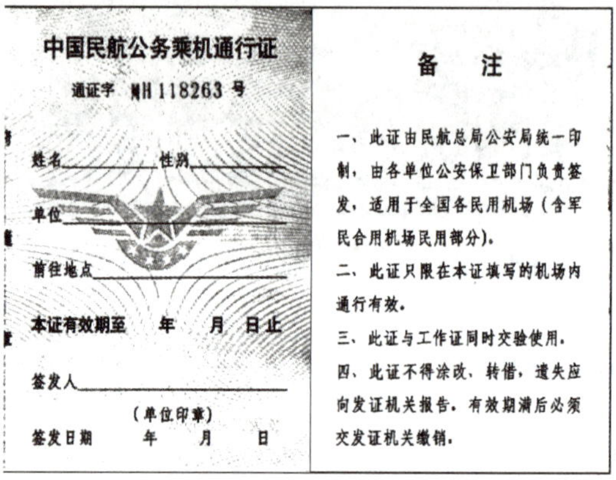
中国民航公务乘机通行证

通证字 MH118263 号

姓名______性别______

单位______

前往地点______

本证有效期至　年　月　日止

签发人______

（单位印章）

签发日期　年　月　日

备　注

一、此证由民航总局公安局统一印制，由各单位公安保卫部门负责签发，适用于全国各民用机场（含军民合用机场民用部分）。

二、此证只限在本证填写的机场内通行有效。

三、此证与工作证同时交验使用。

四、此证不得涂改、转借，遗失应向发证机关报告。有效期满后必须交发证机关缴销。

图 1-12　公务乘机通行证式样

3. 航空安全员执照

航空安全员执照由民航局、公安部统一制作。航空安全员执照只适用于专职航空安全员，适用范围与空勤登机证相同。航空安全员执照式样如图 1-13 所示。

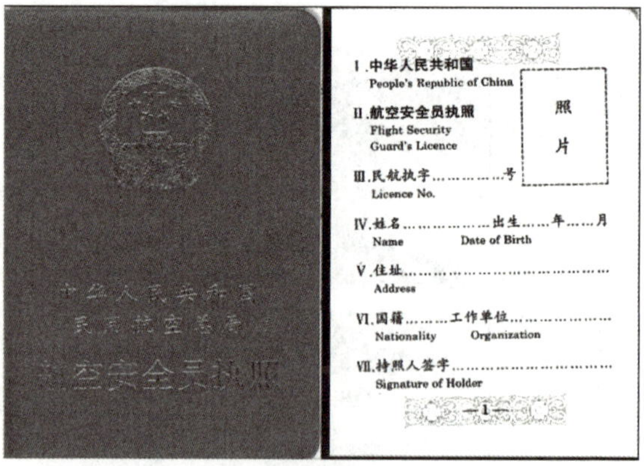
Ⅰ.中华人民共和国
People's Republic of China

Ⅱ.航空安全员执照
Flight Security Guard's Licence

照片

Ⅲ.民航执字…………号
Licence No.

Ⅳ.姓名…………出生……年……月
Name　Date of Birth

Ⅴ.住址…………
Address

Ⅵ.国籍………工作单位…………
Nationality　Organization

Ⅶ.持照人签字…………
Signature of Holder

—1—

图 1-13　航空安全员执照式样

4. 特别工作证

特别工作证持有者可免检进入全国各民用机场控制区、隔离区或登机（不代替客票乘机）检查工作。特别工作证式样如图 1-14 所示。

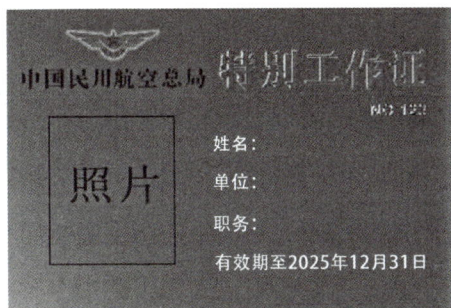 

a)　　　　　　　　　　　　　　　b)

图 1-14　特别工作证式样

a）正面　b）反面

三、民航各机场自行制作的证件

除民航统一制作的证件外，各机场还可自行制作各种类型的证件：从时限上可分为长期、临时和一次性证件；从使用范围上可分为通用、客机坪、候机楼隔离区和国际联检区等区域性证件；从使用人员上可划分为民航工作人员、联检单位工作人员和外部人员等。

1. 民航工作人员通行证

这是发给民航内部工作人员因工作需要进出某些控制区域的通行凭证，由所在机场统一制发和管理。各机场的这类证件外观式样、颜色不尽相同，但必须具备以下项目：机场名称、持证人近期照片、有效起止日期、可进入的控制区区域、持证人姓名、持证人单位、证件编号、发证机构（盖章）、防伪标识等。证件背面应有说明，允许通行和到达的区域——一般分为候机隔离区（有的分国际和国内两部分）、客机坪、联检厅、登机。

2. 联检单位人员通行证

此证适用于对外开放的有国际航班的机场，主要发给在机场工作的联检单位的有关工作人员。这些单位一般是海关、公安边防、卫生检疫、动植物检疫、口岸办、出入境管理部门等。此证由所在机场制发和管理，其使用范围一般只限于与持证人员工作相关的区域。首都机场检验检疫局证件式样如图 1-15 所示。

3. 外部人员通行证

因工作需要进入机场有关区域的民航以外的有关单位的工作人员需持有此证。这类证件又分为"专用"和"临时"两种。专用证有持证人照片；临时证无持证人照片。专用证的登记项目内容与上述证件相同；临时证则没有那么多内容，但必须有允许到达的区域标记。此证件一般与本人身份证同时使用，必须经安全检查后方可进入隔离区、客机坪。

图 1-15 首都机场检验检疫局工作人员证件式样

4. 专机工作证

专机工作证由民航公安机关制发。专机工作证一般为一次性有效证件，发给与本次专机任务有关的领导、警卫、服务等相关工作人员。凭专机工作证可免检进入本次任务相关的工作区域。

5. 包机工作证

包机工作证由民航公安机关制发和管理，发给与航空公司包机业务有关的人员。持证人凭证可进入包机工作相关区域。证件内容根据使用时间长短而定。短期的应贴有持证人照片，一次性的可免贴照片。

四、其他人员通行证件

1. 押运证

此证主要适用于有押运任务的单位和负责押运任务的工作人员。担负机要文件、包机和特殊货物押运的人员，在飞机到达目的地或中途站时，可凭押运证在客机坪监卸和看管所押运的货物。

2. 军事运输通行证

使用人员为与军事运输工作相关的人员，可凭证到达与此相关的区域。此证件应注明持证人单位、姓名、有效期限并加盖签发单位印章。

3. 侦察证

国家安全机关的工作人员，因为工作需要进出当地机场隔离区、停机坪时，凭机场通行证件通行；在外地执行任务时，凭省、自治区、直辖市国家安全机关介绍信（凭国家安全机关局级单位介绍信）和侦察信进入上述区域。国家安全机关人员所持侦察证乘机执行任务时，机场安检部门按正常安检程序对其实施安全检查。

五、车辆通行证

凡进入机场控制区的车辆必须持有专用的通行证件。证件具备以下内容和要素：机场名称、车辆类型及编号、有效起止日期、可进入的控制区区域、准许通行的道口、车辆使用单位、证件编号、发证机构、其他技术要求等。

▶ 任务实施

⇨ **第一步：**检查机场控制区通行证件。

（1）查看证件外观式样、规格、塑封、印刷、照片是否与规定相符，是否有效。

（2）检查持证人与证件照片是否一致，根据五官外貌特征确定是否为持证人本人。

（3）查看持证人到达的区域是否与证件限定的范围相符。

（4）查看证件的有效期以及证件的通行范围是否能达到该区域。

以上如有可疑，可向证件所注明的使用单位或持证人本人核实清楚，并请示值班主管。如是本人且证件有效，则放行；如不是本人，则稳住持证人并移交值班主管处理。民航控制区通行证式样如图 1-16 所示。

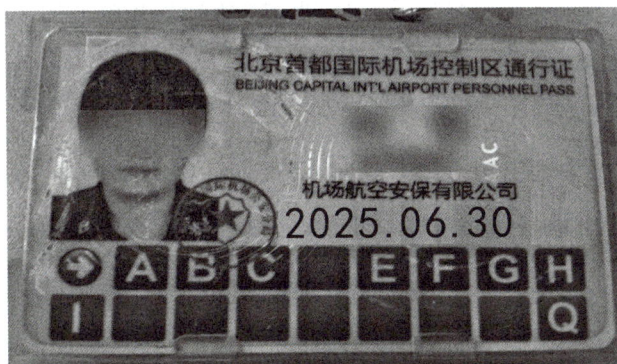

图 1-16　民航控制区通行证式样

⇨ **第二步：**检查工作人员证件。

（1）查看证件外观式样、规格、塑封、印刷、照片是否与规定相符，是否有效。

（2）检查持证人与证件照片是否一致，查看持证人的五官特征是否和照片一致。

（3）检查持证人证件的适用区域和权限。

（4）检查完毕，将证件交还持证人。

经查验无误的予以放行，不符合的拒绝进入。

➡ 第三步：查验机组人员证件。

（1）查验机组人员空勤登机证，辨别真伪，做到人证对应。

（2）对加入机组的人员应查验其中国民航公务乘机通行证（或加入机组证明信）、有效身份证件（或工作证件、学员证）。

➡ 第四步：查验一次性证件。

当持有一次性证件的持证人进入控制区相关区域时，验证员应检查其通行证件的区域权限和有效期。验证员在其所持一次性证件相关区域字母上使用打孔器打孔，进入一个区域打一个孔。一次性证件只限在所属航站楼内使用，禁止跨航站楼使用。具体办法按各机场有关规定执行。

➡ 第五步：特殊情况处置。

（1）驻场单位因工作需要持一次性通行证进入控制区的人员，应由一次性通行证中所注明的驻场单位持长、短期通行证人员全程引领、陪同。

（2）非驻场单位（如使领馆人员）进入机场控制区时，验证员应查验本人有效身份证件（如身份证、外交官证等）。

（3）当持证人进入相关区域时，验证员查验陪同的工作人员（驻场单位）控制区证件，确保人证一致、区域符合，且需与一次性证件上标明的陪同人员姓名一致。

（4）警卫人员专用公务证件不能单独作为进入隔离区证件使用，持证警卫人员需由分局警卫处民警同行，并持有任务通知单，给予免检。

（5）分局警卫处民警在执行警卫任务以及警卫任务以外的特殊任务需进入隔离区时，凭分局警卫处隔离区工作证件和徽章进入，给予免检。

（6）如因工作需要确需携带工具进入控制区的，须按照机场控制区危险工具器材携带管理规定办理相关手续；运送大宗液态物品进入控制区的，须按照机场控制区大宗液态物品运送管理规定办理相关手续。

（7）通行证持有人在通过设有生物识别门禁系统的通道时，应按照查验人员的要求主动配合验证及人像识别检查；通过装有人像识别系统的通道时，须正脸面对镜头，保证人脸影像占屏幕宽度大于1/3，如眼镜有倒影，应摘下眼镜配合检查。

（8）通行证持有人应主动接受验证人员的查验，进入隔离区时，应接受安全检查；在2人以上同时通过时，应逐一接受查验。

> **小提示：**
>
> 违规处罚：
>
> （1）不主动刷卡验证，查验人员可对其进行现场纠正，并给予批评教育。
>
> （2）不刷卡验证、拒绝查验人员查验的，可暂扣其通行证15日以上、30日以下，并通知其申办单位。
>
> （3）强闯控制区、与查验人员发生冲突情节严重的，收回其通行证，3个月内不得重新申请办理；造成严重后果的，注销持有人通行证；构成违法犯罪的，依法追究其法律责任。
>
> （4）逃避安检进入机场控制区的，注销通行证或取消办证资格，并通知其申办单位；有违法犯罪行为的，依法进行处理。

▶ 知识拓展

一、控制区证件日常保管

1.通行证持有人应妥善保管通行证，不得转借、涂改、损毁通行证。

> **小提示：**
>
> 违规处罚：
>
> （1）因保管不善致使本人通行证被盗用或者冒用的，暂扣其通行证15日以上、30日以下，并通知其申办单位。
>
> （2）将通行证借与他人使用的或冒用他人通行证、涂改通行证的，收回其通行证，3个月内不得重新申请办理；造成严重后果的，注销持有人通行证；构成违法犯罪的，依法追究法律责任。
>
> （3）伪造、变造或使用伪造、变造的通行证的，注销通行证或取消办证资格，并通知其申办单位；有违法犯罪行为的，依法进行处理。

2. 通行证持有人发现通行证遗失、被盗时，应在 24 小时内向证件管理部门报告。

✿ 小提示：

违规处罚：

（1）因保管不善，遗失本人通行证的，给予批评教育。

（2）发现通行证丢失、被盗，在 24 小时内未向证件管理部门报告的，暂扣其通行证 7 日以上、15 日以下（领取补办通行证之日起执行）并通知其申办单位。

二、陪同人的规范行为

1. 陪同人应对陪同对象的身份及相关申请材料进行核对，并由本人亲自到证件管理部门为陪同对象申请办理。

✿ 小提示：

违规处罚：

（1）申办时未对陪同对象身份进行核对的，取消陪同资格，暂扣通行证 15 日以上、30 日以下或收回其通行证，3 个月内不得重新申请办理，并通知其单位。

（2）申办时陪同人本人不到场或由他人代替为陪同对象申办三类通行证的，取消陪同资格，暂扣通行证 15 日以上、30 日以下或收回其通行证，3 个月内不得重新申请办理，并通知其单位。

（3）擅自涂改一次性介绍信的，注销通行证，取消其办证资格，并通知其单位。

2. 陪同人应全程引导陪同对象，切实保证陪同对象在可监管范围内活动。

✿ 小提示：

违规处罚：

（1）未进行全程引导和陪同的，取消陪同资格，暂扣通行证 15 日以上、30 日以下或收回其通行证，3 个月内不得重新申请办理，并通知其单位。

（2）陪同期间，因未对陪同对象有效监管，导致陪同对象在控制区内从事违法犯罪行为的，注销通行证，取消其办证资格，并通知其单位。

3. 陪同人应对陪同对象在控制区内的活动和通行证的使用情况进行监督，防止发生陪同对象携带违禁品、损毁破坏安防设施、超越授权区域范围活动等有可能危害空防安全的行为。如发现陪同对象有危害航空安全意图和行为时，应立即制止并向公安机关报告。

小提示：

违规处罚：

（1）因未履行空防安全培训和监督责任，致使通行证持有人发生影响空防安全一般性事件的，取消陪同资格，暂扣通行证15日以上、30日以下或收回其通行证，3个月内不得重新申请办理，并通知其单位。

（2）明知陪同对象在控制区内有违规行为或有危害航空安全倾向，故意隐瞒事实，未及时向公安机关上报的，注销通行证，取消其办证资格，并通知其单位。

三、安全技术检查的概念

安全技术检查简称安全检查，是指在特定的区域内，为保障广大人民生命、财产及公共设施的安全所采取的一种强制性的技术性检查，包括民航、客运（火车、汽车）、港口、轨道交通、场馆设施等安全检查。其中，民航安全技术检查是指在民用机场设置的为防止劫（炸）飞机和其他危害航空安全事件的发生，保障旅客、机组人员和飞机安全所采取的一种强制性的技术性检查措施。

四、安全技术检查工作的原则

安全技术检查工作应当坚持安全第一、严格检查、文明执勤、热情服务的原则。在具体工作中应做到以下几点：

1. 安全第一，严格检查

确保安全是安全技术检查的宗旨和根本目的，而严格检查则是实现这个目的的手段和要求。所谓严格检查，就是严密组织勤务，执行各项规定，落实各项措施，抱着对国家和乘客高度负责的精神，牢牢把好安全技术检查、飞机监护等关口，切实做到证件不符不放行、开箱（包）检查不彻底不放行，以确保飞机和旅客的安全。

2. 坚持制度，区别对待

国家法律法规以及有关安全技术检查的各项规章制度和规定是指导安全技术检查工作实施和处理各类问题的依据，必须认真贯彻执行，杜绝有法不依、有章不循。同时，还应根据特殊情况和不同对象，在不违背原则和确保安全的前提下，灵活处置各类问题。通常情况下对各种类型旅客实施检查，既要一视同仁，又要注意区别，明确重点，有所侧重。

3. 内紧外松，机制灵活

"内紧"是指检查人员要有敌情观念，要有高度的警惕性、责任心和紧张的工作作风、严密的检查程序，要有处置突发事件的应急措施等，使犯罪分子无空可钻。"外松"是指检查时要做到态度自然，沉着冷静，语言文明，讲究方式，按步骤有秩序地进行工作。"机制灵活"是指在错综复杂的情况下，检查人员要有敏锐的观察力和准确的判断力，善于分析问题，从受检人员的言谈举止、着装打扮和神态表情中，察言观色，发现蛛丝马迹，不漏掉任何可疑人员和物品。

4. 文明执勤，热情服务

机场是国家和地区的窗口，安全技术检查是机场管理和服务工作的一部分。检查人员要树立全心全意为旅客服务的思想，要做到检查规范，文明礼貌；要着装整洁，仪表端庄；要举止大方，说话和气，"请"字开头，"谢"字结尾；要尊重不同地区、不同民族的风俗习惯。同时，要在确保安全且不影响正常工作的前提条件下，尽量为旅客排忧解难；对伤、残、病旅客予以优先照顾，不能伤害旅客的情感和尊严；对孕妇、幼童、老年旅客要尽量提供方便，给予照顾。

五、安全技术检查部门的职能

安全技术检查部门具有预防和制止劫（炸）机犯罪活动和保护民航班机及旅客生命财产安全的职能。具体体现在如下三个方面：

（1）预防和制止企图劫（炸）机犯罪活动的职能。

（2）保护国家和人民生命财产安全的职能。

（3）服务职能。首先，在保障安全的前提下，安检部门要尽力确保航班能正点起飞，不因安检原因延误飞机；其次，要文明执勤，树立为旅客服务的思想。

六、安全技术检查部门的权限

1. 行政法规的执行权

安全技术检查部门是保障航空安全的服务单位，是一支专业技术团队，执行国家法律及国务院、民航局、公安部为保证航空安全发布的有关行政法规和规章。所以，安全技术检查带有行政执法的性质。

2. 检查权

安检部门的检查权包括以下几个方面：

（1）对乘机旅客身份证件的查验权。通过对旅客身份证件检查，防止旅客利用假身份证或冒用他人身份证件乘机，以便发现和查控通缉犯。

（2）对乘机旅客的人身检查权，包括使用仪器检查和手工检查。

（3）对行李物品的检查权，包括使用仪器检查和手工开箱（包）检查。

（4）对货物、邮件的检查权。

（5）对进入候机隔离区和登机人员证件的查验权、人身检查权和物品检查权。

3. 拒绝登机权

在安全技术检查中，当发现有故意隐匿枪支、弹药、管制刀具、易燃、易爆等可能用于劫（炸）机的违禁品及危险品的旅客时，安检部门有权拒绝其登机，并将人与物一并移交机场公安机关审查处理。在安全技术检查过程中，对手续不符，且拒绝接受检查的旅客，安检部门有权不准其登机。

4. 候机隔离区监控权

候机隔离区没有持续实施管制的，在使用前，安检部门应当对候机隔离区进行清查。安检部门应当派员在候机隔离区内巡视，对重点部位加强监控。经过安全检查的旅客应当在候机隔离区内等待登机，如遇航班延误或其他特殊原因离开候机隔离区的，再次进入时应当重新接受安全检查。候机隔离区内的商店不得出售可能危害航空安全的商品。商店运入的商品应当经过安全检查，并接受安检机构的安全监督。

5. 航空器监护权

（1）对出、过港航空器实施监护。

（2）民用航空器客、货舱装载前的清舱工作由航空器经营人负责。必要时，经民航公安机关或安检部门批准，公安民警、安检人员可以进行清舱。民用航空器监护人员接受和移交航空器监护任务时，应当与机务人员办理交接手续，填写记录，并由双方签字。

（3）执行航班飞行任务的民用航空器在客机坪短暂停留期间，由安检部门负责监护。

（4）对出港民用航空器的监护，从机务人员将民用航空器移交监护人员时开始，至旅客登机后民用航空器滑行时止；对过港民用航空器的监护从其到达机坪时开始，至滑离（或拖离）机坪时止；对执行国际、地区及特殊管理的国内航线飞行任务的进港民用航空器的监护，从其到达机坪时开始至旅客下机完毕，机务人员开始工作为止。

（5）民用航空器监护人员应当根据航班动态，按时进入监护岗位，做好对民用航空器监护的准备工作。

（6）民用航空器监护人员应当坚守岗位，严格检查登机工作人员的通行证件，密切注视周围动态，防止无关人员和车辆进入监护区。在旅客登机时，协助维持秩序，防止未经过安全检查的人员或物品进入航空器。

（7）空勤人员登机时，民用航空器监护人员应当查验其中国民航空勤登机证；加入机组执行任务的非空勤人员，应当持有中国民航公务乘机通行证及本人工作证（或学员证）。对上述人员携带的物品，应当查验是否经过安全检查；未经过安全检查的，不得带上民用航空器。

（8）在出、过港民用航空器关闭舱门准备滑行时，监护人员应当退至安全线以外，记载飞机号和起飞时间后方可撤离现场。

阅读与思考

我司监护队员李宁在464机位检查国航机务人员一次性证件时，经仔细校对，发现一名人员使用的一次性通行证件已过期，且身边无有效陪同人，属于空防安全违规行为。在发现此情况后，李宁及时向值班主管汇报。值班主管立即将情况反映至机场公安分局，公安分局随即对此违规事件进行调查处理。事后，机场公安分局空防处特对我司员工严谨的工作态度、过硬的业务素质提出表扬与感谢。

考核评价

小组按角色分别扮演旅客与安检人员，进行机场控制区通行证件查验任务，将评价考核结果填入表1-4。

表1-4 识别机场控制区通行证件考核评价表   总得分 _____

项 目	评 分 标 准	小组自评	小组互评	教师点评	实际得分
仪容仪表	1. 穿着统一制服；用发带盘发，无碎发；未佩戴饰品（手表、手链、耳环、项链等）；未染指甲，指甲干净。20分 2. 穿着统一制服；用发带盘发，有碎发；未佩戴饰品（手表、手链、耳环、项链等）；未染指甲，指甲干净。15分 3. 未穿制服；盘发有碎发；佩戴有少量饰品；未染指甲，指甲干净。10分 4. 未穿制服；未盘发，佩戴造型夸张饰品；指甲不干净。5分				
站姿微笑	1. 站姿规范，微笑自然。20分 2. 站姿较规范，微笑基本自然。15分 3. 有微笑，站姿不符合岗位规范。10分 4. 无微笑，站姿不符合岗位规范。5分				
文明用语	1. 能正确使用岗位文明用语。20分 2. 较准确使用岗位文明用语。15分 3. 基本能使用岗位文明用语。10分 4. 不能使用岗位文明用语。5分				
证件查验	1. 能够准确识别机场控制区通行证件的区域权限和有效期。20分 2. 较准确识别机场控制区通行证件的区域权限和有效期。15分 3. 基本能识别旅客与机务人员的一次性证件。10分 4. 不能识别出机务人员一次性证件的通行区域权限。5分				
动作规范	1. 识别机场控制区证件符合岗位程序和标准。20分 2. 识别机场控制区证件较符合岗位程序和标准。15分 3. 在机场控制区证件检查中基本符合岗位程序和标准。10分 4. 在机场控制区证件检查中不符合岗位程序和标准。5分				

注：实际得分 = 教师点评40%+ 小组互评30%+ 小组自评30%。

✎ 练一练

1. 多选题

（1）以下（ ）属于机场公安机关签发的一次性证件。

A. 外部人员通行证   B. 专机工作证

C. 包机工作证   D. 公务乘机通行证

（2）公务乘机通行证的有效期最长不能超过（　　）个月。

A. 3　　　　　　　　B. 4　　　　　　　　C. 5　　　　　　　　D. 6

（3）以下证件属于部队证件的有（　　）。

A. 军官证　　　　　　B. 警官证　　　　　　C. 侦察证　　　　　　D. 学员证

（4）以下证件属于民航统一证件的有（　　）。

A. 空勤登机证　　　　　　　　　　B. 特别工作证

C. 军事运输通行证　　　　　　　　D. 公务乘机通行证

（5）以下证件的尺寸采用国际信用卡标准尺寸的是（　　）。

A. 第一代身份证　　B. 临时身份证　　C. 第二代身份证　　D. 特别工作证

（6）第二代身份证的识别中不同角度观察会出现（　　）三种颜色。

A. 红色　　　　　　B. 橘红色　　　　　　C. 绿色　　　　　　D. 紫色

（7）在部队证件中，（　　）的式样有可能出现不同的颜色。

A. 军官退休证　　　B. 文职干部证　　　C. 士兵证　　　　　　D. 学员证

2. 案例分析

8月28日16时30分，房某来到沈阳桃仙国际机场T3航站楼接人，为了显得有面子，就想开车进入航站楼一楼门前专用车道。房某提前准备了一张伪造的机场控制区通行证，企图蒙混过关，不料被机场查验人员小高当场识破。对于这种情况小高应该如何进行处理？

任务三　识别有效乘机证件、客票和登机牌

/学习目标/

1. 能正确识别乘机有效证件的种类和式样。

2. 了解机场控制区的种类及适用范围。

3. 在证件检查的学习过程中锻炼学生认真、细致的工作态度。

/能力目标/

能够准确识别有效乘机证件、客票和登机牌。

任务导入

2021年1月21日星期一13:10广州白云国际机场B区安检23号通道，旅客

周先生来到验证台前，拿出登机牌和驾驶证交给安检员吴某。安检员吴某如何检查这位旅客的证件、客票和登机牌呢？

▶ 知识准备

一、护照概述

1. 护照的概念与作用

护照是一个主权国家发给本国公民用于出入本国国境、到国外旅行或居住、用于证明该公民国籍和身份的合法证件。凡出国人员均应持有护照，才能享有护照颁发国提供的外交保护。

2. 护照的种类

各国颁发的护照种类不尽相同。以我国护照为例，根据《中华人民共和国护照法》规定，中华人民共和国护照是中华人民共和国公民出入国境和在国外证明国籍和身份的证件，任何组织或个人不得伪造、变造、转让、故意损毁或者非法扣押护照。我国护照分为普通护照、外交护照和公务护照三种。

（1）普通护照，也叫因私护照，由公安部出入境管理机构或者公安部委托的县级以上地方人民政府公安机关出入境管理机构以及中华人民共和国驻外使馆、领馆和外交部委托的其他驻外机构签发，主要颁发给因定居、探亲、学习、就业、旅行、从事商务活动等非公务原因出国的中国公民。普通护照式样如图1-17所示。

图 1-17　普通护照式样

（2）外交护照由外交部签发，由外交官员、领事官员及其随行配偶、未成年子女和外交信使持用。

（3）公务护照由外交部、中华人民共和国驻外使馆、领馆或者外交部委托的其他驻外机构以及外交部委托的省、自治区、直辖市和设区的市人民政府外事部门签发，由中华人民共和国驻外使馆、领馆或者联合国、联合国专门机构以及其他政府间国际组织中工作的中国政府派出的职员及其随行配偶、未成年子女持用。

3. 护照的内容

以我国护照为例，普通护照的登记项目包括护照持有人的姓名、性别、出生日期、出生地，护照的签发日期、有效期、签发地点和签发机关；外交护照、公务护照的登记项目包括护照持有人的姓名、性别、出生日期、出生地，护照的签发日期、有效期和签发机关。

4. 护照的有效期限

各国规定的护照有效期限不同。以我国护照为例，普通护照的有效期为：护照持有人未满十六周岁的为 5 年，十六周岁以上的为 10 年。外交护照、公务护照的签发范围、签发办法、有效期以及公务护照的具体类别，由外交部规定。外交护照和公务护照有效期最长不超过 5 年。

二、部队有效乘机证件

1. 军官证

中国人民解放军军官证是配发给中国人民解放军军官和文职干部的本芯式身份证件，分为军官证和文职干部证，作用等同于居民身份证。封皮为暗红色人造革材质，正面上方印有烫金的"八一"军徽，军徽下方印有"中国人民解放军军官证"（文职干部证印有"中国人民解放军文职干部证"）烫金字样，如图1-18和图1-19所示。

军官证内芯内容包括持证人相片、编号、发证机关、发证日期、有效期等内容，使用专用证券纸和专色油墨定制生产，运用浮雕、定位水印、安全线、缩微文字、无色荧光等多项防伪技术，易于检验识别，防伪程度高。军官证内芯及防伪样式说明如图1-20所示。

图 1-18 军官证式样

图 1-19 （军队）文职干部证式样

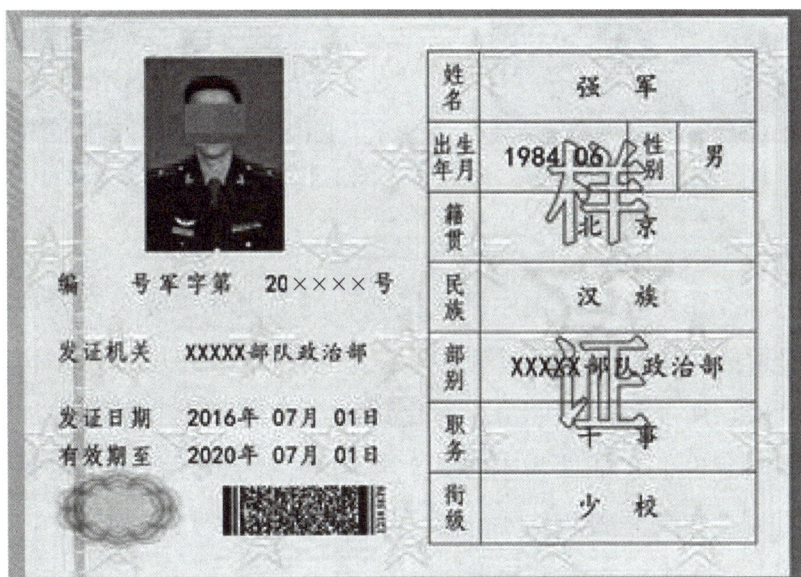

图 1-20 军官证内芯及防伪样式说明

2. 警官证

警官证是中国人民武装警察部队现役警官身份的证明，由武警部队政治部门发放并管理，分为警官证和文职干部证，作用等同身份证。封皮为暗红色人造革材质，正面上方印有烫金的警徽，警徽下方印有"中国人民武装警察部队警官证"（文职干部证印有"中国人民武装警察部队文职干部证"）烫金字样，如图 1-21 和图 1-22 所示。警官证的内芯样式和防伪技术同军官证类似。

3. 义务兵证

中国人民解放军义务兵证是配发给现役的义务兵的本芯式证件，封皮颜色为正红色，采用多项防伪技术制作，背面凹烫"中央军委政治工作部兵员和文职人员局监制"字样，内夹单页折叠式证芯。义务兵证内芯样式和防伪技术同军官证类似。义务兵证式样如图 1-23 所示。

图 1-21 警官证式样

图 1-22 （武警）文职干部证式样

4. 士官证

中国人民解放军士官证是由中华人民共和国中央军事委员会发放、由中央军委政治工作部兵员和文职人员局监制的现役士官的身份证明。一般都注明了姓名、出生年月、民族、所在部队、职务、军衔级别等内容，上有照片并加盖所属单位公章，作用等同身份证。证件为本芯式，封皮颜色为正红色，采用多项防伪技术制作，背面凹烫"中央军委政治工作部兵员和文职人员局监制"字样，内夹单页折叠式证芯。士官证式样如图 1-24 所示。

图 1-23 义务兵证式样

图 1-24 士官证式样

根据《中国民用航空安全检查规则》规定，部队有效乘机证件除以上几种外，还包括文职人员证、职工证、武警士兵证、海员证等。

三、旅客、客票与登机牌知识

1. 旅客的定义

旅客是指除机组人员以外经承运人同意在航空器上载运或者已经载运的任何人。

2. 客票的一般规定

（1）定义：客票是指由承运人或者代表承运人填开的被称为客票以及行李票的凭证，包括运输合同条件、声明、乘机联和旅客联等内容。

（2）种类：客票按旅客的年龄可分为婴儿票、儿童票与成人票；按航程可分为单程客票、联程客票与来回程客票；按航班和乘机时间确定情况可分为定期客票和不定期客票。

（3）内容：客票上应注明承运人名称，出票人名称，出票时间、地点，旅客姓名，航班始发地点、目的地点，航班号，舱位等级，日期和离站时间，票价和付款方式，票号，运输说明等内容。

（4）客票为记名票，只限客票上所列姓名的旅客本人使用，不得转让和涂改，否则客票无效，票款不退。

（5）旅客应在客票有效期内，完成客票上所列明的全部航程。旅客使用客票时，应交验有效客票，包括乘机航程段的乘机联和全部未使用并保留在客票上的其他乘机联和旅客联。缺少上述任何一联，客票即为无效。

（6）国际和国内联程客票中国内联程段的乘机联可在国内联程航段使用，无须换成国内客票；旅客在我国境外购买的使用国际客票填开的国内航空运输客票，应换开成我国国内乘机日期和航班。

（7）客票自旅行开始之日起，一年内运输有效。如果客票全部未使用，则从填开客票之日起，一年内运输有效；有效期的计算从旅行开始或填开客票之日的次日零时起至有效期满之日的次日零时为止。

3. 登机牌的内容与使用规定

（1）登机牌的内容：目前国内使用的登机牌其主要内容有航班号、日期、旅客姓名、座位号（国际航班分吸烟区非吸烟区座位号）、目的地和登机门等。登机牌上有明显的头等舱（F）、公务舱（C）、经济舱（Y）字样及航空公司名称和航徽等。

（2）使用规定：登机牌是旅客对号登机入座和地面服务员清点登机旅客人数

的依据，与客票一起构成旅客乘机的凭证。旅客在接受安全检查时，登机牌应与本人身份证件、客票同时出示，由安检人员检查后在登机牌上加盖验讫章。登机时由值机人员查验登机牌，式样如图 1-25 所示。

图 1-25 登机牌式样

目前，国内多家航空公司陆续推出了电子登机牌服务。乘客可通过手机在网上电子登机牌服务系统自行办理电子登机牌，也可通过点击航空公司发送的短信中的网址获取二维条码电子登机牌。到达机场后，无交运行李的旅客可持二代居民身份证直接安检登机，真正享受从订票到登机的全程无纸化服务。

▶▶ 任务实施

⇨ **第一步**：证件检查的实施。

（1）检查中要注意看证件上的有关项目是否有涂改的痕迹。

（2）检查中要注意是否存在冒名顶替的情况，注意观察持证人的外貌特征是否与证件上的照片相符。如果发现可疑情况，应对持证人仔细查问。

（3）在证件核对中注意观察旅客穿戴有无异常，如戴墨镜、围巾、口罩、帽子等有碍辨别的着装，如有异常应请其摘下，以便于准确核对。

（4）在核对证件时要熟记查控对象的外貌特征，验证中要注意发现通缉、查控对象。

（5）验证中发现疑点时，要慎重处理，及时报告。

（6）注意工作秩序，集中精力，防止漏验证件或漏盖验讫章。

⇨ **第二步**：识别涂改证件。

在检查证件中要注意查看证件上的姓名、性别、年龄、签发日期等项目是否有涂改的痕迹。涂改过的证件笔画粗糙、字迹不清。查看纸张是否变薄，证件上是否有污损的痕迹；查看 18 位身份证编码的 15 ～ 17 位是否遵循奇数分配给男性、偶数分配给女性的原则。

➡ **第三步**：识别伪造、变造证件。

（1）检查中要注意甄别证件的真伪，认真检查证件的外观式样、规格、塑封、印刷和照片等主要识别特征是否与规定相符，有无变造、伪造的疑点。查看证件规格是否统一，图案、防伪标记是否齐全清晰；而假证规格不一，手感较差，图案模糊不清，暗记不清不全。

（2）检查真证内芯是否纸质优良、字迹规范、文字与纸张一体；而假证一般内芯纸张质地粗糙、笔画潦草、字迹不清、排列不齐，文字凸现纸上。二代身份证正反两面的花纹清晰，表面有摩擦力，表面为亚光，手感较硬；假证花纹模糊，表面光滑、反光明显，手感比较软。出生日期"日"字下面的"花"图案中间有"JMSFZ"缩微文字（身份证最中间位置）。

（3）真证印章边缘线宽窄一致，图案清晰，印章中字体大小一致，均匀规范，印油颜色深入纸张；而假证印章边缘线宽窄不一，图案模糊，印章中字体大小不一，粗细不一，印油颜色不均匀、发散。对揭换过照片的证件，查看重贴的照片边缘是否有明显粘贴痕迹，是否存在薄厚不均的现象，同时用透光检查很容易看到。在紫光灯下，真的居民身份证的印章显示红色荧光，而伪造的证件可能无荧光出现。

（4）立体层次识别：将身份证置于专用的仪器中，通过放大镜和特别灯光照射，可以发现真证的网纹、照片、登记内容有明显的立体层次；而伪造证件的照片、网纹、登记内容却在同一平面上，显得比较呆板。"长城烽火台"图案（在证件背面性别处），垂直观察看不到图案，在相同视角不同方向观察反射光，颜色呈橘红色、绿色和紫色的各向异色特殊效果。

（5）网纹识别：在专用仪器的放大镜及灯光照射下，可以明显地发现真证网纹流畅、粗细均匀一致，色标纯正；而伪造证件的网纹粗细不一，时断时续，色标浓淡也不一样。身份证件背面"居""民""身"三个字宋体字是公安部为二代证专门设计的，其中"居""民"两字中的横笔右边不出头，与右边的竖笔平齐；"居""民"两字横笔的最右端与户字头的右边竖笔平齐；"身"字中间两横右侧不与竖笔相连。

➡ **第四步**：识别冒名顶替证件。

（1）检查中要注意查处冒名顶替的情况。要先看人后看证，注意观察持证人的外貌特征是否与证件上的照片相符，主要观察其五官的轮廓、大小，眼睛的距离与大小形状，嘴唇的薄厚与形状以及面形轮廓，主要是颧骨及下颚骨的轮廓等。发现有可疑情况，应对持证人仔细查问，弄清情况。一旦发现异常应立即报告值班主管做好登记，并移交机场公安机关审查处理。

（2）使用电子客票的旅客在办理乘机手续时，需要核对购票时输入的信息，确认姓名、身份证号码全部正确，然后才能为旅客办理登机牌。在核对证件时发现身份证、姓名有误的，必须要求旅客回购票地点更改。对于丢失了身份证的旅客，告之旅客必须持身份证丢失地或户籍所在地公安部门出具的临时身份证明才可办理乘机手续，户口本、驾照、社保卡等不予办理。

　　👉 **第五步：** 扫描登机牌并盖章。

（1）验证人员在核对旅客的身份证件、客票和登机牌无误后，在登机牌正联、附联分别盖验讫章，并做到印迹清楚，不漏盖、错盖。在登机口发现无登机牌或登机牌未盖安检验讫章的，不准登机，并立即报告安检部门值班主管处理。

（2）对按规定免检的人员，应在核对其免检介绍信、身份证件、客票和登机牌无误后，在其登机牌正联、附联各盖免检章；对随行的非免检人员按规定检查后盖验讫章。安检业务用章丢失或被盗，应当立即报告值班主管。

　　👉 **第六步：** 处置特殊情况。

发现旅客的证件存在问题时，首先将旅客的证件或客票控制在检查员手中，并密切关注旅客。与此同时，应立即联系现场值班主管。等现场值班主管到达后，向现场值班主管进行说明，并将相关手续及旅客转交值班主管进行处理。

▶ 知识拓展

一、乘机有效身份证的种类

1. 居民身份证件

中华人民共和国居民身份证是用于证明居住在中华人民共和国境内的公民身份证明文件，包括居民身份证和临时居民身份证。

2. 军人证件

军人证件常见的有军官证、义务兵证、士官证、武警警官证、武警士兵证、军队文职干部证、军队文职人员证、军队离（退）休干部证、军队职工证和学员证。

3. 护照类证件

护照类证件常见的有护照、港澳居民来往内地通行证、中华人民共和国往来港澳通行证、外国人永久居留证、外国人出入境证、外交官证、领事馆证、海员证、台湾居民来往大陆通行证、大陆居民往来台湾通行证等。

4. 其他可以乘机的有效证件

此类特殊证件有本届全国人大代表证，全国政协委员证，出席全国或省、自治区、直辖市的党代表、人代会、政协会，工、青、妇代表会和劳模的代表，凭所属县、团级（含）以上党政军主管部门出具的临时身份证明；旅客的居民身份证在户籍所在地以外被盗或丢失的，凭发案、报失地公安机关出具的临时身份证明；十六周岁以下未成年人凭出生医学证明、学生证、户口簿或者户口所在地公安机关出具的身份证明等。

二、重要旅客范围

（1）省部级（含副职）以上的负责人。

（2）军队在职正军职少将以上的负责人。

（3）公使、大使级外交使节。

（4）由各部、委以上单位或我驻外使、领馆提出要求按重要旅客接待的客人。

三、免检范围

国家保护对象，如中共中央总书记，中央政治局常委、委员、候补委员，中央书记处书记，中央军事委员会主席、副主席、委员，全国政协主席、副主席，最高人民法院院长，最高人民检察院检察长等。上述领导人率领的出访代表团全体成员也免于检查。

应邀来我国访问（包括过境、非正式访问）的外国副总统、副总理、副议长以上领导人及其率领的代表团全体成员。

应邀来我国访问的外国部长级官员及我国中央各部正部长率领代表团出访，部长本人予以免检。

大使夫妇、总领事夫妇经承运的航空公司同意，并由该公司人员陪同或出具证明，可免于检查。对其余乘坐班机的各国外交官、领事官员及其亲属以及携带的行李物品，也可按上述办法掌握。

对随同国家保卫对象乘坐民航班机的首长工作人员和我方接待属免检范围外宾的陪同人员，凭中共中央、全国人大常委会、国务院、中央军委、有关部委或省、自治区、直辖市党委、人民政府出具的证明免检。

阅读与思考

一名旅客手持一张登机牌通过安检验证时，将6个月大的婴儿放进了敞口背包里并背在了身后，验证岗位人员没有看到婴儿，于是盖章让其进入了安检通道。当其进入通道后，前传人员以为是普通背包，便让该旅客拿下来放入传输带，才发现背包里有一名婴儿。随后前传人员让该旅客抱着婴儿进行人身检查，也并未跟之前的验证人员进行核实。该机场验证与前传相距七八米远，验证人员无法得知后面的情况，前传人员也没发现任何疑点，就将该旅客放行至隔离区。当该旅客登机时，验票人员才发现该旅客未买婴儿票，随即拒绝让其登机。

从这个案例中可以看出，安检相关工作人员一定要认真执行自己的岗位任务，工作时要认真、细心，做到严格检查、文明执勤，杜绝安全隐患的发生。

考核评价

小组按角色分别扮演旅客与安检人员，进行客票、证件、登机牌查验任务，将评价考核结果填入表1-5。

表1-5　识别有效乘机证件、客票和登机牌考核评价表　总得分 _____

项 目	评分标准	小组自评	小组互评	教师点评	实际得分
仪容仪表	1. 穿着统一制服；用发带盘发，没有碎发；未佩戴饰品（手表、手链、耳环、项链等）；未染指甲，指甲干净。20分 2. 穿着统一制服；用发带盘发，有碎发；未佩戴饰品（手表、手链、耳环、项链等）；未染指甲，指甲干净。15分 3. 未穿制服；盘发有碎发；佩戴有少量饰品；未染指甲，指甲干净。10分 4. 未穿制服；未盘发；佩戴造型夸张的饰品；指甲不干净。5分				

（续）

项 目	评 分 标 准	小组自评	小组互评	教师点评	实际得分
站姿微笑	1. 站姿规范，微笑自然。20 分 2. 站姿较规范，微笑基本自然。15 分 3. 有微笑，站姿不符合岗位规范。10 分 4. 无微笑，站姿不符合岗位规范。5 分				
文明用语	1. 能正确使用证件检查岗位文明用语。20 分 2. 较准确使用证件检查岗位文明用语。15 分 3. 基本能使用证件检查岗位文明用语。10 分 4. 不能使用证件检查岗位文明用语。5 分				
证件、客票、登机牌的识别	1. 能够准确识别有效乘机证件、客票和登机牌，符合岗位规范。20 分 2. 较准确识别有效乘机证件、客票和登机牌，较符合岗位规范。15 分 3. 基本能识别有效乘机证件、客票和登机牌，基本符合岗位规范。10 分 4. 不能识别有效乘机证件、客票和登机牌，不符合岗位规范。5 分				
动作规范	1. 正确识别旅客登机证件，符合"一看二问三对"原则。20 分 2. 基本能正确识别旅客登机证件，检查动作比较符合岗位规范。15 分 3. 能识别旅客登机证件，检查动作混乱，不符合岗位规范。10 分 4. 识别旅客登机证件不认真，出现明显错误，不符合岗位规范。5 分				

注：实际得分 = 教师点评 40%+ 小组互评 30%+ 小组自评 30%。

练一练

微课 2 证件检查的鉴定考核流程

1. 填空题

（1）客票按年龄可分为_____、_____、_____，按航程可分为_____、_____、_____，按时间可分为_____、_____。乘机有效证件的种类_____、_____、_____、_____。

（2）军人证件包括_____、_____、_____、_____、_____、_____、_____、_____、_____。

（3）我国护照分为_____、_____、_____三类。

2. 简答题

（1）查验旅客证件时，遇有疑似旅客冒用他人证件时，应该怎么办？

（2）遇有旅客无身份证件时，应该怎么办？

（3）简述二代身份证的防伪措施。

（4）简述证件检查的程序与方法。

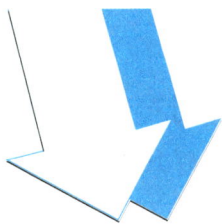

项目二　人身检查

任务一　测试金属探测门、金属探测器的工作状态

/学习目标/

1. 能正确使用金属探测门和金属探测器，并手工对旅客进行检查。

2. 了解金属探测门的工作原理以及影响金属探测门的因素。

3. 在学习任务中强化学生的安全责任意识和认真的学习态度。

/能力目标/

能正确使用并调试金属探测器的灵敏度。

▶ 任务导入

2021 年 1 月 9 日，安检员吴某正在安检执勤，此时有一位旅客通过金属探测门时发生了报警。经过反复检查，发现这名旅客故意把刀藏在身上企图混过安检。在此情况下，安检员吴某应该如何处理？

▶ 知识准备

一、手持金属探测器的工作原理

以型号 PD140 手持金属探测器为例（见图 2-1）。正常时产生恒频率磁场，灵敏度调至频率哑点（中心频率）。当其接近金属物品时，磁场受干扰发生变化，频率漂移，灵敏度变化，发出报警信号；探测器离开金属物品，灵敏度恢复恒定频率，此时小喇叭无声响（哑点）。

图 2-1　PD140 型手持金属探测器式样

二、金属探测门的工作原理

金属探测门（见图2-2）的工作原理是设备发生一连串的脉冲信号产生一个时变磁场，该磁场对探测区中的导体产生涡电流，涡电流产生的次级磁场在接受线圈中产生电压，并通过处理电路辨别是否报警。

三、金属探测门的视觉警报和声音报警功能

1. 视觉警报

金属探测门配备视觉警报显示装置，按通过的金属比例给出一个条形的视觉警报，无论环境光线情况如何，至少可以从5m外清晰地观察到。信号低于报警值界限时显示绿色，高于限值时显示红色。

2. 声音警报

金属探测门配有声音警报信号调节装置，可以调节持续时间、音量和音调。在图2-2所示的门体1m远、1.6m高的地方测量警报的强度，至少可以从80dBA调节到90dBA。

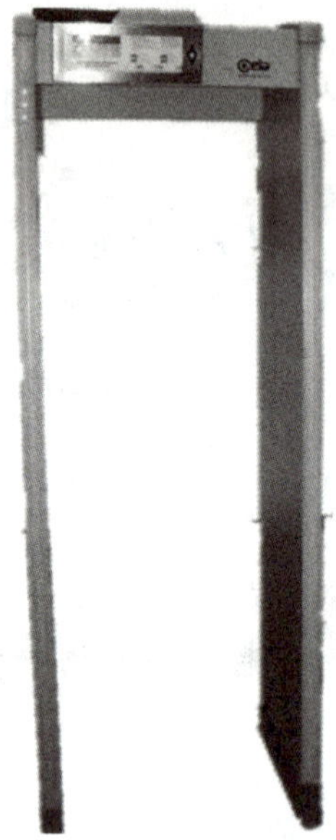

四、金属探测门的性能特点

图 2-2　金属探测门式样

金属探测门专门用于对人身上隐藏的金属及合金物品的探测防范，安全性高、适用性强、灵敏度高、探测范围广、抗外界干扰能力强，能够声光同时报警；可以调节灵敏度，最高可以探测到曲别针大小的金属物，并可以区分金属物所藏区位。用户还可根据探测金属物的大小、体积、重量等进行设置，以排除硬币、钥匙、皮带扣、首饰等的误报警。金属探测门的使用符合国际安全标准，对人体内的心脏起搏器、孕妇、磁性媒质和其他电子装置等无副作用。

▶▶ 任务实施

➮ **第一步**：测试PD140型手持金属探测器。

（1）安装。PD140型手持金属探测器可有9V干电池或VartaTR/8型氢充电池及相应类似产品供电。拧下手柄末端的盖子，根据后盖上的极性指示插入电池，检查其安装正确与否，然后拧紧后盖，保证电池接触良好。

（2）开机。位置开关可向左或向右拨动，这取决于使用何种操作状态：向左只有报警指示，向右为报警和音响同时进行。

探测器打开时报警指示灯将闪烁几秒。

报警指示灯连续闪烁，此时应使探测面离开任何金属物品，直至报警指示灯熄灭。

电源指示灯以 1 秒间隔闪烁，表明电池正在充电中。

电源指示灯快速闪烁时，表明需要更换电池或给电池充电。

⇨ **第二步**：调节金属探测器灵敏度。

（1）PD140 型手持金属探测器配备有灵敏度调节钮，有三档（低、中、高）可供选择。若使用 PD140 高灵敏度型号，调节钮为连续调节型，以确保精细校准。

（2）一般情况下，灵敏度应调在中档；使用其他档位取决于被测金属物体的尺寸和距离。PD140 型手持金属探测器的敏感探测区域位于装置的下部平面区内，测量面积为 60mm×140mm。测试时应该使用下部平面区测试旅客身体。

（3）将探测器感应区靠近探测区并进行扫描，固定截取金属物的信号，也就是说在探测区内的金属物体的报警信号始终保持激活状态。该特点有助于对目标物体进行准确定位。

（4）如需隐藏音响报警，可使用特殊耳机插入探测器手柄下的耳机孔（该孔位于报警蜂鸣器的对面）或将开关设置到"仅视觉报警"位置。

（5）金属探测器连续不工作超过 180 秒时，设备将自动休眠。再次使用时，先将开关拨到"OFF"位置，然后再拨到相应的操作位置。

⇨ **第三步**：测试通过式金属探测门。

（1）金属探测门如果连续使用（即从未关闭过），应至少每天测试一次；在接通电源后和对旅客进行检查前，都应进行测试；当某一种型号的金属探测门在机场首次安装或改变位置后，操作员都必须重新进行调试。

（2）如果金属探测门的灵敏度与以前的测试相比有所下降，就应调高其灵敏度。金属探测门应调节至适当的灵敏度，但不能低于最低安全设置要求。

（3）测试时将测试器件分别放置在人体的右腋窝、右臀部、后腰中部、右踝内侧等部位，通过金属探测门进行测试。实施测试的人员在测试时不应该携带其他金属物品。

▶▶ 知识拓展

一、金属探测器电池充电

将 PD140 型手持金属探测器的手柄插入 PD140 充电器就可充电。充电时探测器必须关闭。打开充电器开关到"ON"位置，电源指示灯亮起代表正在充电。完全充电所需时间为 16 小时。

PD140 的充电器可与其他类似设备串联使用。

二、手持金属探测器的使用和保管

手持金属探测器属小型电子仪器，使用时应轻拿轻放，以免损坏仪器；应由专人保管，注意防潮、防热；应使用微湿且柔软的布进行清洁。

三、PD140 型手持金属探测器各部位使用说明

visual alarm indicator 1 可视报警指示灯 1

visual alarm indicator 2 可视报警指示灯 2

power indicator 电源开关指示灯

sensitivity adjustment button 敏感性调节按钮

on/off switch 打开 / 关闭开关

audible alarm 有声报警器

battery compartment cap 电池盒盖

sensitive detection area 敏感探测区域

audible alarm ear-piece socket 无声报警器

四、金属探测门灵敏度的调试

金属探测门的探测灵敏度可以进行自由调节，如整个门要降低灵敏度，则需要调节整体灵敏度；如某个区域要降低灵敏度，则只需调节相应区域的灵敏度。金属探测门一般都具有自动保存设置数据的功能，操作人员根据现场的实际情况进行区域数值的设置，一旦确认，建议设置密码，其他人员则无法随意更改参数。

阅读与思考

　　某天晚上 19:50，广州白云国际机场 A 区国内出发厅像往常一样热闹。这时，拟乘坐 3U8742 航班前往重庆的旅客梁某以一身时髦打扮来到 16 号安检通道，当她通过安全门接受人身检查时，安检员小陈在其衣服前后口袋共搜出打火机 7 只，这引起了小陈的警觉，于是报告上级领导，并继续严查该旅客。此时，梁某却趁乱将一只打火机塞到了内衣里，谁知，她这一动作却被眼尖的小陈注意到，于是将其带离通道后脱鞋严查。谁知，该旅客又在安检员拉屏风之际迅速将内衣里的打火机塞进了嘴里，她没想到的是，小陈一直在盯着她，于是要求该旅客吐出来。梁某看瞒不过安检员，只能老实地把打火机吐了出来。

　　小陈这种牢记工作职责、对旅客负责、严格按照规定进行安全检查工作的态度得到了机场领导的高度赞扬。

▶ 考核评价

　　小组按角色分别扮演旅客与安检人员，进行金属探测门、手持金属探测器测试任务，将评价考核结果填入表 2-1。

表 2-1　测试金属探测门、手持金属探测器考核评价表　　总得分 _____

项　目	评　分　标　准	小组自评	小组互评	教师点评	实际得分
仪容仪表	1. 穿着统一制服；用发带盘发，无碎发；未佩戴饰品（手表、手链、耳环、项链等）；未染指甲，指甲干净。20 分 2. 穿着统一制服；用发带盘发，有碎发；未佩戴饰品（手表、手链、耳环、项链等）；未染指甲，指甲干净。15 分 3. 未穿制服；盘发有碎发；佩戴有少量饰品；未染指甲，指甲干净。10 分 4. 未穿制服；未盘发；佩戴造型夸张的饰品；指甲不干净。5 分				
站姿微笑	1. 站姿规范，微笑自然。20 分 2. 站姿较规范，微笑基本自然。15 分 3. 有微笑，站姿不符合岗位规范。10 分 4. 无微笑，站姿不符合岗位规范。5 分				

（续）

项　目	评分标准	小组自评	小组互评	教师点评	实际得分
文明用语	1. 能正确使用岗位文明用语。20 分 2. 较准确使用岗位文明用语。15 分 3. 基本能使用岗位文明用语。10 分 4. 不能使用岗位文明用语。5 分				
金属探测	1. 能够正确测试金属探测门和手持金属探测器，并能熟练掌握其使用方法。20 分 2. 较正确测试金属探测门和手持金属探测器，并按正确流程进行仪器和手工检查。15 分 3. 基本准确测试金属探测门和手持金属探测器，基本能按照正确流程进行手检。10 分 4. 不能正确测试金属探测门和手持金属探测器，未按符合流程进行手检。5 分				
动作规范	1. 操作符合岗位规范，并能正确识别与处理违禁物品。20 分 2. 操作较符合岗位规范，并能正确识别与处理违禁物品。15 分 3. 操作较符合岗位规范，能正确识别违禁物品但未能正确处理。10 分 4. 能操作但不符合岗位规范，并不能正确识别和处理违禁物品。5 分				

注：实际得分 = 教师点评 40%+ 小组互评 30%+ 小组自评 30%。

练一练

1. 填空题

（1）金属探测门应具有_____和_____功能。

（2）金属探测门测试时将测试器件分别放在人体的_____、_____、_____、_____四个部位。

2. 简答题

请列举金属探测门的性能特点。

3. 案例分析

一位旅客声称自己装有心脏起搏器，拒绝通过金属探测门，此时应该如何处理？

任务二 开展引导岗位的引导与检查工作

/学习目标/

1. 能正确使用文明用语和手势引导，协助旅客通过安检门和把物品放在传送带上。

2. 掌握引导岗位的工作方法和程序。

3. 通过任务的完成，使学生养成良好的习惯，强化学生安全意识。

/能力目标/

掌握引导岗位的职责。

▶▶ 任务导入

旅客王先生乘坐某航班由北京飞往成都。在进行安全检查时，安检员小吴把王先生的包放入衣物筐内，然后用力地甩在传送带上。王先生见状提醒安检员包内有电子设备，请其小心摆放。安检员小吴应该如何处理？

▶▶ 知识准备

一、岗位职责

（1）提示旅客将随身携带的行李物品有序码放，通过 X 射线机进行检查。

（2）引导旅客有序通过安全门。

（3）及时将过检人员身份信息传递给其他岗位人员。

二、服务用语提示

（1）您好，请将您的衣服口袋内物品掏出，放在筐内过检。

（2）请您将行李平放在传送带上。

（3）请将大衣或外套脱下，放在筐内过检。

（4）请将笔记本电脑、手机、照相机、钱包从包内取出放在筐内单独过检。

（5）请在安全门前等候。

（6）请您通过安全门。

▶ 任务实施

⇨ **第一步**：引导准备。

引导员将衣物筐放于安全门一侧的工作台上并站立于安全门一侧，面对旅客进入通道的方向保持待检状态，如图2-3所示。

⇨ **第二步**：进行引导与检查。

（1）当旅客进入检查通道时，引导检查员应提示并协助旅客将随身行李正确而有序地放置于X射线机传送带上，同时请旅客将随身物品及随身行李中的笔记本电脑、照相机等电子设备取出放入衣物筐内。若旅客穿着较厚重的外套，应请其将外套脱下，一并放入衣物筐接受X射线机检查。

图2-3　引导岗位式样

（2）检查过检人员是否持有登机牌，登机牌是否盖有安检验讫章，若登机牌未加盖安检验讫章，请旅客返回验证岗位重新查验。

（3）引导检查员应观察人身检查员的工作情况（即当人身检查员正在对旅客进行检查时，引导检查员应请待检旅客在安全门一侧等待），待人身检查员检查完毕，引导待检旅客有序通过安全门。引导检查员应合理控制速度，保证检查通道畅通。

（4）对不宜经过X射线机检查的物品，引导检查员应通知开箱（包）检查员对其进行手工开箱检查。

（5）对孕妇、带有心脏起搏器、坐轮椅的残障人士或重病等不宜通过金属探测门检查的旅客，引导检查员应提醒人身检查员进行手工人身检查。

⇨ **第三步**：处置特殊情况。

（1）遇有带便捷式计算机的旅客，请旅客将笔记本电脑单独放在筐中，与电脑包分别通过X射线机过检。

（2）提示旅客取出随身携带的手机、钱包、香烟、钥匙、电池等物品，尽量全部放置在同一个筐内过检，以防出现拿错旅客物品的现象。

（3）引导员应提示旅客的戒指、项链、手表等贵重首饰可不必取下直接随身从安全门通过，避免因通过X射线机引起丢失现象的发生。

（4）提示旅客贵重物品以及浅色的小包、手包应放在筐内过检，避免被污损。

（5）手提行李有较长背包带的，应避免过机时与机器发生缠绕，须主动将背包带向传送带中部归拢。

（6）遇旅客携带敞口行李时，应避免发生行李物品倾洒，提醒其将行李口封闭，若不能封闭，则协助其将行李敞口端朝外平放（即与传送带运转方向相反的方向）在传送带或筐中过检。

（7）遇旅客过检摄像机、易碎物品、易倾洒物品或其他特殊物品时，应避免发生过检物品在运行中或运行后发生破碎、倾洒、损坏等事故。

（8）旅客要求放入筐中过检的行李物品，引导员应尽量满足旅客要求。

（9）对于接打手机的旅客，需待其通话完毕后再协助码放行李物品，引导通过安全门。

（10）禁止将旅客行李或衣物筐强行推入 X 射线机，避免造成图像不清或不全。

（11）观察手检员工作情况，合理控制过检速度及安全门前候检秩序。

（12）当手检岗位旅客检查完毕时，引导旅客按秩序逐个通过安全门。

（13）当手检员正在对旅客进行检查时，应请候检人员在安全门外等待。

（14）与验证员、手检员、开机员做好协调配合工作。

（15）当安全门外候检旅客较多时，引导员应及时提示验证员降低验放速度。

（16）对于开机员提示需倒转传送带时，引导员应避免旅客物品掉落、损坏。

（17）对于旅客携带超大无法正常过检 X 射线机的行李，告知开机员开启大型 X 射线机实施检查。

（18）遇有在安检现场无理取闹，扰乱现场工作秩序，妨碍安检人员执行公务的，应带至安检值班室进行教育；对情节严重，不听劝阻的，移交民航公安机关处理。

▶▶ 知识拓展

一、金属探测门的检查方法

除免检者以外，所有乘机旅客都必须通过安全门检查。旅客通过安全门前，引导检查员应先提醒其取出身上的随身物品（包括手机、钥匙、钱包等），然后引导旅客有秩序通过安全门（要注意掌握旅客流量）。如发生报警，应使用手持金属探测器或手工人身检查的方法进行复查，彻底排除疑点后才能放行。对未报警的旅客，可使用手持金属探测器或手工人身检查的方法进行抽查。

对旅客放入衣物筐中的物品，应通过 X 射线机进行检查，如不便进行 X 射线机检查的物品要注意采用摸、掂、试等方法检查是否藏匿违禁物品。

二、手持金属探测器检查的方法

手持金属探测器检查是通过金属探测器和手工人身检查相结合的方法按规定程序对旅客人身实施检查。检查时，金属探测器所到之处，人身检查员应用另一只手配合摸、按、压的动作进行。如果手持金属探测器报警，人身检查员应配合触摸报警的部位进行复查，以判断报警物质性质，同时请旅客取出物品进行检查。旅客取出物品后，人身检查员应对该报警部位进行复查，确认无误后方可进行下一步检查。

阅读与思考

乌鲁木齐地窝堡国际机场 T3 航站楼内，在国际厅 D 区的一位外籍旅客准备乘机离境时，X 射线机检查员发现该名旅客的手提行李存在异常，随即通知开箱包检查员对该件行李进行手工检查。在行李的衣物中，安检员发现了该旅客藏匿了一把水果刀；而后安检员继续检查，在行李箱的底部夹层中，安检员又发现了一把水果刀。全部检查完成后，安检员将此件行李再次通过 X 射线机进行检查，显示无异常，随即将该名旅客交与当日带班主管，并对其进行了教育。随后该名旅客被移交至机场公安机关进行进一步处理。

作为机场安检人员，要时刻绷紧安全这根弦，检查异常行李要仔细、认真，检查完后要将行李再次通过 X 射线机过检，避免遗漏。只有细致、认真，牢记岗位职责，严守安检程序，才能把安检工作做好、做到位。

▶ 考核评价

小组按角色分别扮演旅客与引导检查员，进行引导岗位的旅客引导与检查工作，将评价考核结果填入表 2-2。

表 2-2　引导岗位的引导与检查工作考核评价表　　　总得分 _____

项　目	评 分 标 准	小组自评	小组互评	教师点评	实际得分
仪容仪表	1. 穿着统一制服；用发带盘发，没有碎发；未佩戴饰品（手表、手链、耳环、项链等）；未染指甲，指甲干净。20 分 2. 穿着统一制服；用发带盘发，有碎发；未佩戴饰品（手表、手链、耳环、项链等）；未染指甲，指甲干净。15 分 3. 未穿制服；盘发有碎发；佩戴有少量饰品；未染指甲，指甲干净。10 分 4. 未穿制服；未盘发；佩戴造型夸张的饰品；指甲不干净。5 分				
站姿微笑	1. 站姿规范，微笑自然。20 分 2. 站姿较规范，微笑基本自然。15 分 3. 有微笑，站姿不符合岗位规范。10 分 4. 无微笑，站姿不符合岗位规范。5 分				
文明用语	1. 能正确使用岗位文明用语。20 分 2. 较准确使用岗位文明用语。15 分 3. 基本能使用岗位文明用语。10 分 4. 不能使用岗位文明用语。5 分				
引导与检查	1. 能够按照引导岗位的职责进行引导与检查。20 分 2. 能够较准确地按照引导岗位的职责进行引导与检查。15 分 3. 基本能够按照引导岗位的职责进行引导与检查。10 分 4. 未能够按照引导岗位的职责进行引导与检查。5 分				
动作规范	1. 引导操作规范符合岗位规范，对旅客物品轻拿轻放。20 分 2. 引导操作较符合岗位规范，对旅客物品轻拿轻放。15 分 3. 引导操作基本符合岗位规范。10 分 4. 引导操作不符合岗位规范。5 分				

注：实际得分 = 教师点评 40%+ 小组互评 30%+ 小组自评 30%。

✎ 练一练

假如你是引导检查员，在工作中遇到以下情况：

（1）遇有旅客携带电子设备、磁卡等物品，拒绝接受 X 射线机检查时，怎么办？

（2）安检时遇有外交信使时，怎么办？

（3）在一名旅客放在衣物筐的钱包里面发现一小包白色粉末时，怎么办？

（4）过检旅客用手伸入 X 射线机内急于取回行李时，怎么办？

任务三　实施人身检查

/学习目标/

1. 掌握人身检查的操作程序和人身检查的重点对象和部位。
2. 能识别违禁物品并作出相应处理。
3. 在学习任务中培养良好的文明用语和规范操作，强化学生的安全责任意识。

/能力目标/

能利用仪器和手工对旅客进行人身检查。

▶ 任务导入

　　安检员请旅客吴先生把随身携带的物品全部放在托盘内。旅客吴先生很配合地把身上的物品全部拿了出来，但是安检员仍然怀疑吴先生身上藏有打火机。此时，安检员应该怎么处理？

▶ 知识准备

一、人身检查的顺序

　　安检员使用手持金属探测器实施手工人身检查顺序应遵循由上到下、由里到外、由前到后的原则。

二、人身检查的方法

　　对旅客进行人身检查有仪器检查和手工检查两种方法。在实际工作中通常采用仪器与手工相结合的检查方法。仪器检查是指安检人员按规定的方法对旅客进行安全门检查或使用手持金属探测器检查有无危险品、违禁品。手工检查是指安全检查人员按规定的方法对旅客身体采取摸、按、压等方法以检查有无危险品、违禁品。

三、手持金属探测器检查的顺序

　　（1）正面检查顺序：从前衣领→右肩→右大臂外侧→右手→右大臂内侧→腋

下→右上身外侧→右前胸→左肩→左大臂外侧→左手→左大臂内侧→腋下→左上身外侧→左前胸→腰→腹部。

（2）背面检查顺序：从头部→后衣领→背部→后腰部→臀部→左大腿外侧→左小腿外侧→左脚→左小腿内侧→右小腿内侧→右脚→右小腿外侧→右大腿外侧。

人身检查顺序如图 2-4 所示。

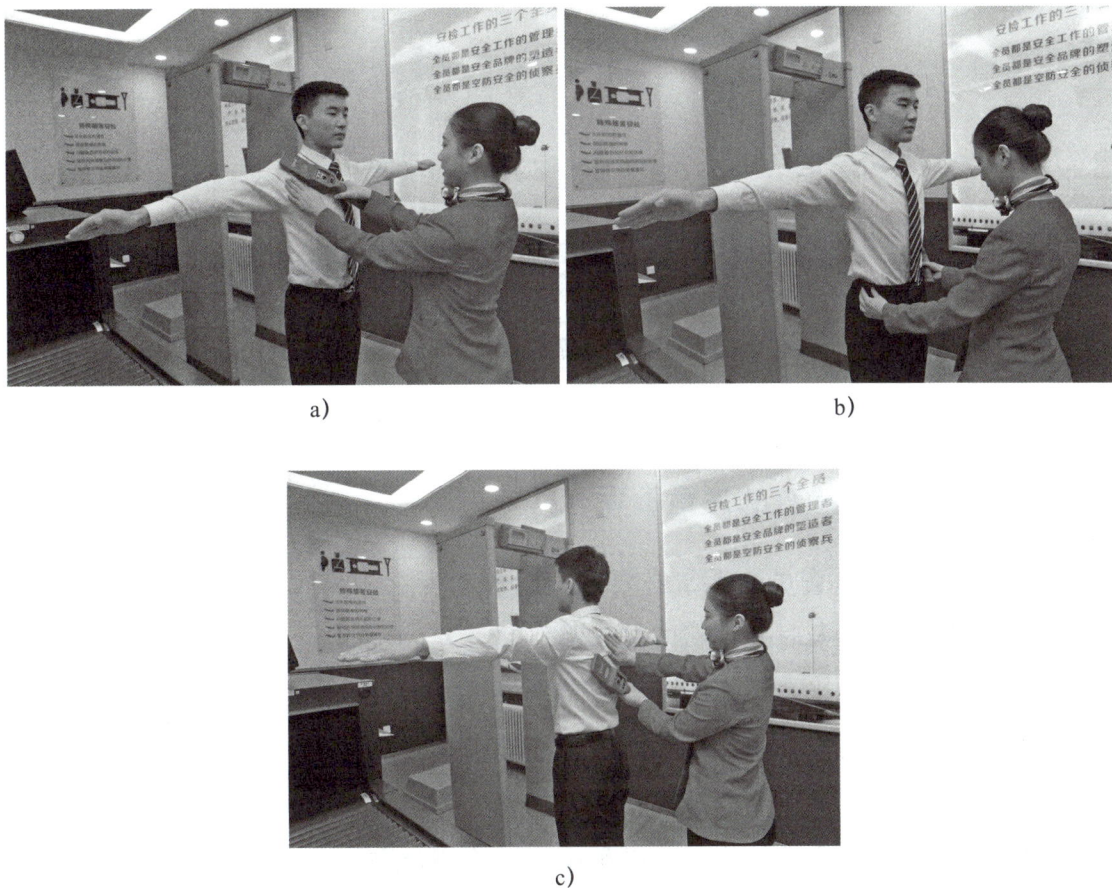

a)

b)

c)

图 2-4　人身检查顺序

四、手工人身检查的方法

检查人员面对旅客，先从旅客的前衣领开始，至双肩、前胸、腰部止；再请旅客转身，从后衣领起，至双臂外侧、内侧、腋下、背部、后腰部、裆部、双腿内侧、外侧和脚部止。冬季着装较多时，可请旅客解开外衣，对外衣也必须进行认真仔细检查。

五、手工人身检查的要领

检查要领是顺着身体的自然形状，通过摸、按压、拍打等动作，用手来感觉出异常的物品。按压是指在手不离开旅客的衣物或身体的情况下用适当的力度进行轻按和轻压旅客身体，以感觉出旅客身体或衣物内不相贴合、不自然的物品，如图 2-5 所示。

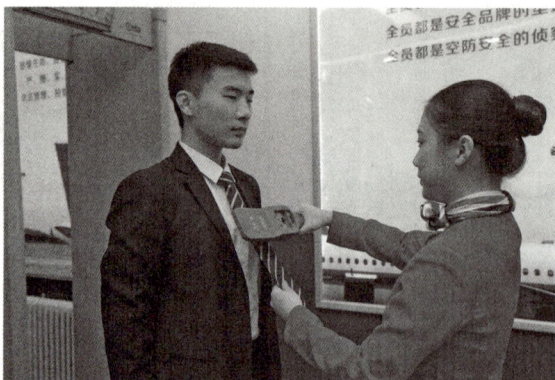

图 2-5　手工人身检查要领

六、手工人身检查的注意事项

（1）检查时，检查员的手掌心要切实接触旅客身体和衣服，因为手掌心面积大且触觉较敏锐，能及时发现藏匿的物品。

（2）不可只查上半身不查下半身，特别要注意检查重点部位。

（3）对旅客从身上掏出的物品，应仔细检查，防止夹带危险物品。

（4）检查过程中要不间断地观察旅客的表情，防止发生意外。

（5）对女性旅客实施检查时，必须由女性检查员进行。

七、移位人身检查的具体操作程序

1. 移位人身检查的定义

移位人身检查是指现场工作中，旅客在接受人身检查时，人身检查员按照规定的方法主动完成从前到后的人身检查程序，从而使旅客避免转身的不便，并且始终能面对旅客行李物品的人身检查方法。

移位人身检查法是一种从考虑尊重旅客、方便旅客角度出发的人身检查方法。

2.移位人身检查的程序

（1）人身检查员面对或侧对金属探测门站立，注意观察金属探测门报警情况及动态，确定人身检查对象。

（2）当旅客通过金属探测门出现报警提示或需要对重点检查对象进行检查时，人身检查员指引旅客到指定位置接受人身检查。

（3）人身检查员请旅客面对行李物品方向站立，提醒旅客照看好自己的行李物品，并从旅客正面开始实施人身检查。

（4）人身检查员在完成旅客前半身的人身检查程序后，主动转至旅客身后，从旅客背面实施人身检查。

（5）当人身检查员检查到旅客脚部有异常或鞋子较厚、较大时，应让旅客坐在椅子上，请其脱鞋，用手持金属探测器和手工相结合的方法对其脚部进行检查，同时将旅客的鞋过 X 射线机进行检查。

（6）检查完毕后，人身检查员提醒旅客拿好自己的行李物品，并回到原检查位置进入待检状态。

▶▶ 任务实施

⇨ **第一步**：岗位准备。

（1）人身检查员对安全门及手持金属探测器进行检查测试，检查其是否处于正常工作状态；开启手持金属探测器，测试其是否发出报警提示，同时把金属探测器伸到金属探测门里，观察其报警情况。

微课 3 人身检查的实施

（2）交接班时，人身检查员进行岗位交接前应检查完正在检查的过检人员，并将检查完的后续工作做完后再交接。

（3）遇手持金属探测器发生故障或电量不足时，人身检查员应上报班长更换手持金属探测器或电池，并提示引导员控制安全门过检速度。

⇨ **第二步**：实施手工人身检查。

在旅客通过金属探测门时，若金属探测门报警，则实施手工人身检查，沿着身体的自然形状，通过摸、按、压等方法，用手来感觉出异常的物品。在手不离开旅客的衣物或身体的情况下用适当的力量进行按压，以感觉出旅客身体或衣物内不相贴合、不自然的物品。对旅客取出物品的部位，应用手再进行复查，排除疑点后方可进行下一步检查，如图 2-6 所示。

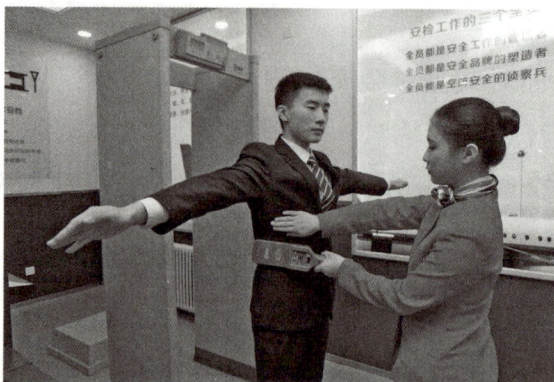

图 2-6　手工人身检查示范

第三步：实施从严检查。

（1）对经过手工检查仍不能排除疑点的旅客，可带至安检室进行从严检查。实施从严检查的，应报告安检部门值班主管，经批准后才能进行。从严检查必须由两名以上（含两名）的同性别检查员实施。实施从严检查时，可由一名安检人员对受检旅客进行监视，防止其做出危险行为或毁灭物证，另一名安检人员进行检查；检查时可请旅客脱掉外衣、鞋袜。对不配合检查的，可根据情况予以拒绝登机或移交民航公安机关处理。

（2）从严检查时要做好记录，记录受检旅客的姓名、性别、年龄、所乘航班、工作单位（或住址）等，对其进行检查的安检人员应共同签名，并注意监视检查对象，防止其行凶、逃跑或毁灭罪证。

（3）遇到有故意藏匿违禁物品的人员且拒不接受检查者，检查员应该将其移交值班主管和相应部门，做好移交单据的填写。

第四步：处置特殊情况。

（1）对不接受安全检查的旅客，应向其讲明有关法律、法规；经说明仍不接受者，拒绝其登机，损失自负。

（2）遇有在安检现场无理取闹、扰乱现场工作秩序或妨碍安检人员执行公务的，应带至安检值班室进行教育；对情节严重、不听劝阻的，移交民航公安机关处理。

（3）遇有因航班延误、取消等原因，强行冲击安检现场或登机口的旅客，应予以劝阻和制止，并及时报告民航公安机关处理。

（4）旅客与安检人员发生矛盾时，应及时予以调解。旅客提出合理建议或投诉时，要认真接待和答复。发现严重精神疾病患者，通知承运人处理；发现醉酒不能约束自己行为者，移交民航公安机关处理；对危重病人，凭医院证明或当地民航急救中心证明，安检部门值班主管可派专人进行检查。

（5）安检部门只接受民航公安机关布置的协助查控要求。接收查控通知书时，应查验项目内容是否齐全，项目应包括被查控人的姓名、性别、年龄、证件号码、照片、相貌特征、案件性质、查控时限、重点航线及本机场民航公安机关和安检部门主管签字。主要项目不全的，安检部门可不接控。

（6）遇有政法干警押解犯罪嫌疑人的，凭民航公安机关出具的押解通知单，安检部门查验地市以上公安机关证明信和押解人员身份证件，并按程序进行检查；政法干警押解犯罪嫌疑人时，可根据需要给犯罪嫌疑人戴手铐，但押解人员不得随身携带警械、警具。

（7）对在接受安检过程中，声称携有爆炸物的，应立即将其制服，交民航公安机关处理。发现隐匿携带枪支、爆炸物品、管制刀具者，立即将人物分离，将爆炸物品放到防爆炸箱内，然后报民航公安机关处理，有反抗行为的要先将其制服。

▶ 知识拓展

一、人身检查的定义

人身检查是采用公开的仪器和手工相结合的方式，对旅客人身进行安全技术检查，其目的是为了发现旅客身上藏匿的危险品、违禁品及限制物品，保障民用航空器及其所载人员的生命和财产的安全。

二、人身检查的重点对象

（1）精神恐慌、言行可疑、伪装镇静者。

（2）冒充熟人、假献殷勤、接受检查过于热情者。

（3）表现不耐烦、催促检查或者言行蛮横、不愿接受检查者。

（4）窥视检查现场，探听安全检查情况等行为异常者。

（5）本次航班已开始登机，匆忙赶到安检现场者。

（6）公安部门和安全检查站掌握的嫌疑人及群众提供的有可疑言行的旅客。

（7）上级或有关部门通报的来自恐怖活动频繁的国家和地区的人员。

（8）着装与其身份不相符或不合时令者。

（9）根据空防安全形势需要，有必要采取特别安全措施的航线中的旅客。

（10）有国家保卫对象乘坐的航班中的其他旅客。

（11）检查中发现的其他可疑者。

三、人身检查的重点部位

头部、肩部、胸部、手部（手腕）、臀部、腋下、裆部、腹部、腰部、脚部。

阅读与思考

北京大兴国际机场内，安检员小刘在检查一男性旅客时发现其皮带部位报警明显。细心的小刘一边手持金属探测器进行复查，一边上下打量着该名旅客。当查到腰部皮带处时小刘放慢了速度，认真地观察着这条特别的皮带。用金属探测器检查时发现其金属扣旁边报警声音响亮，用手按压时很硬。小刘发现这并不是一条普通的皮带，皮带中肯定暗藏玄机。小刘让这名旅客取下了皮带并拿去过机检查。开机员确认这属于皮带扣式刀具，具有很强的隐蔽性，不过机检查很难看出来它是刀具。随后小刘发出信号，安检班组所有成员按紧急预案处理，先将这名旅客控制住，然后移交机场公安机关进行处理。

机场安检应严把安全关，凭借严谨的工作态度和精湛的职业技能，不仅要将危害航空安全的各种危险违禁物品查处在地面，更要将那些危害航空安全的违法犯罪行为予以打击消灭，确保旅客及人民群众的生命财产安全，彰显民航安检人员过硬的专业技术和良好的职业操守。

▶ 考核评价

小组按角色分别扮演旅客与人身检查员进行人身检查工作任务，将评价考核结果填入表2-3。

表2-3　人身检查考核评价表　　　　总得分_____

项　目	评 分 标 准	小组自评	小组互评	教师点评	实际得分
仪容仪表	1. 穿着统一制服；用发带盘发，无碎发；未佩戴饰品（手表、手链、耳环、项链等）；未染指甲，指甲干净。20分 2. 穿着统一制服；用发带盘发，有碎发；未佩戴饰品（手表、手链、耳环、项链等）；未染指甲，指甲干净。15分				

（续）

项　目	评 分 标 准	小组自评	小组互评	教师点评	实际得分
仪容仪表	3. 未穿制服；盘发有碎发；佩戴有少量饰品；未染指甲，指甲干净。10 分 4. 未穿制服；未盘发；佩戴造型夸张的饰品；指甲不干净。5 分				
站姿微笑	1. 站姿规范，微笑自然。20 分 2. 站姿较规范，微笑基本自然。15 分 3. 有微笑，站姿不符合岗位规范。10 分 4. 无微笑，站姿不符合岗位规范。5 分				
文明用语	1. 能正确使用岗位文明用语。20 分 2. 较准确使用岗位文明用语。15 分 3. 基本能使用岗位文明用语。10 分 4. 不能使用岗位文明用语。5 分				
实施人身检查	1. 检查程序正确，能识别违禁物品。20 分 2. 检查程序较正确，能识别和处理违禁物品。15 分 3. 检查程序基本正确，漏查违禁物品。10 分 4. 漏查重点部位，程序不正确，未能找到违禁物品。5 分				
动作规范	1. 人身检查操作符合岗位规范。20 分 2. 人身检查操作较符合岗位规范。15 分 3. 人身检查基本符合岗位规范。10 分 4. 人身检查不符合岗位规范。5 分				

注：实际得分 = 教师点评 40%+ 小组互评 30%+ 小组自评 30%。

练一练

1. 判断题（正确的打"√"，错误的打"×"）。

（1）仪器检查只有金属探测器一种方法。　　　　　　　　　　　（　　　）

（2）手工进行人身检查的过程中，安检员应集中注意力进行检查，此时可不用观察旅客的表情。　　　　　　　　　　（　　　）

（3）机场工作人员进入隔离区，通过查验工作人员通行证后，可以不通过安全门，直接进入隔离区。　　　　　　（　　　）

2. 简答题

（1）使用手持金属探测器检查的顺序是什么？

（2）人身检查的重点对象和重点部位有哪些？

（3）安检员进行手工人身检查时有哪些注意事项？

3. 案例分析

早上 7:30 左右，旅客王先生打算乘坐南航 CZ3099 航班飞往北京。安检员在对其进行人身检查，检查到手腕位置时，手持金属探测器一直报警。安检员小李便对其手腕位置进行仔细检查，发现其手腕上所戴的手表有异常，便请旅客王先生将手表摘下来接受进一步检查。王先生此时有点生气，大声地对小李说："不就一个手表，有什么好检查的？"此时，安检员小李应该如何处理？

微课4　人身检查
的鉴定考核流程

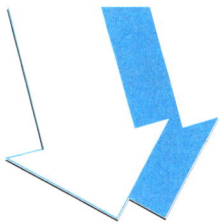

项目三　物品检查

任务一　开箱（包）检查前的准备

📁 /学习目标/

1.掌握开箱（包）检查的程序及方法。

2.能对常见物品进行检查。

3.强化学生的安全责任意识，养成认真严谨的工作习惯。

📁 /能力目标/

掌握开包员的岗位职责。

▶▶ **任务导入**

　　旅客符女士正在安检通道过检。执勤安检员小吴通过 X 射线机图像发现，符女士的皮箱内有若干粉末状物品，按照民航安检规定，需对其行李进行打开检查。于是，小吴通知开包员小李对符女士的皮箱进行开箱检查。小李应该如何进行开箱检查呢？

▶▶ **知识准备**

一、开箱（包）检查的程序

　　（1）观察外层。看箱（包）的外形，检查外部小口袋及有拉链的外夹层。

　　（2）检查内层和夹层。用手沿箱（包）的各个侧面上下摸查，将所有的夹层、底层和内层小口袋检查一遍。

　　（3）检查箱（包）内物品。按 X 射线机操作员所指的重点部位和物品进行检查；在没有具体目标的情况下应逐件进行检查；已查和未查的物品要分开，放置要整齐有序；如箱（包）内有枪支等重大嫌疑违禁品，应先取出并保管好，及时进行处理，然后再细查其他物品，同时要对物主采取看护或控制措施。

（4）善后处理。检查后如有问题应及时报告领导或交公安机关处理；没有发现问题的，应协助旅客将物品放回箱（包）内，对其合作表示感谢。

开箱（包）检查前的准备情境如图 3-1 所示。

图 3-1　开箱（包）检查前的准备

二、开箱（包）检查的方法

开箱（包）检查主要有看、听、摸、拆、掂、捏、嗅、探、敲、开等几种常用方法。

（1）看：对物品的外表进行观察，看是否有异常，箱（包）的口袋是否有变动等。

（2）听：通过听的方法判断音响器材是否正常，此法也可以用于检查被怀疑有定时装置的物品。

（3）摸：直接用手的触觉来判断箱（包）内是否藏有异常或危险物品。

（4）拆：对被怀疑的物品，通过拆开包装或外壳检查其内部有无藏匿危险物品。

（5）掂：对受检查的物品用手掂其重量，看其重量与正常的物品是否相符，从而确定是否需要进一步进行检查。

（6）捏：主要用于对软包装且体积较小的物品，如洗发液、香烟等物品的检查，靠手感来判断有无异常。

（7）嗅：对被怀疑的物品，主要是爆炸物、化学挥发性物品，通过鼻子的嗅闻，判断物品的性质，其基本动作应采用"扇闻"的方法。

（8）探：对有怀疑的物品（如花盆，盛有物品的坛、罐等），如果无法透视，也不能用探测器检查，可用探针进行探查，判断有无异样。

（9）敲：对某些不易打开的物品（如拐杖、石膏等），用手敲击，听其发音是否正常。

（10）开：通过开启、关闭开关，检查手机、笔记本电脑等电子设备是否正常，防止其被改装为爆炸物。

以上方法并不只是能单独使用，而是可以将多种方法结合起来使用，以便更准确、快速地进行检查。

三、开箱（包）检查的操作步骤

（1）开包员站立在 X 射线机行李传送带出口处疏导箱（包），避免过检箱（包）被挤压、掉落。

（2）当有箱（包）需要打开检查时，开机员给开包员以语言提示，待物主到达前，开包员控制需开检的箱（包）；物主到达后，开包员请物主自行打开箱（包），对箱（包）实施检查。如果箱（包）内疑有枪支、爆炸物等危险品时，由开包员控制箱（包），并做到人物分离。

（3）开包检查时，开启的箱（包）应侧对物主，使其能看见自己的物品。

（4）根据开机员的提示对箱（包）进行有针对性的检查。已查和未查的物品要分开，摆放要整齐有序，如图 3-2 所示。

图 3-2　开箱（包）检查

（5）若过检人员申明所携带的物品不宜接受公开开箱（包）检查时，开包员应交值班主管处理。

（6）遇有过检人员携带胶片、计算机软盘等不愿接受 X 射线机检查时，应进行手工检查。

四、开箱（包）检查的要求及注意事项

（1）进行开箱（包）检查时，物主必须在场，并请物主自行将箱（包）打开。

（2）检查时要认真细心，特别要注意重点部位，如箱（包）的底部、角部、外侧小兜，并注意发现有无夹层。检查箱（包）的内层和夹层时应用手沿着各个侧面上下摸查，将所有的夹层、底层和内层小口袋完整地、认真地检查一遍。

（3）没有进行托运行李流程改造的要加强监控措施，防止已查验的行李箱（包）与未经安全检查的行李相调换或夹塞违禁（危险）物品。

（4）旅客的物品要轻拿轻放，如有损坏，应照价赔偿。检查完毕，应尽量按原样放好。

（5）开箱（包）检查发现危害较大的违禁物品时，应采取措施控制住携带者，防止其逃离现场，并将箱（包）重新经 X 射线机检查，以查清是否还藏有其他危险物品，必要时将携带者及箱（包）带入检查室彻底清查。

（6）若旅客申明所携带物品不宜接受公开检查时，安检部门可根据实际情况，避免在公开场合检查。

（7）对已开箱（包）检查的行李仍须经过 X 射线机进行检查。

▶ 任务实施

☞ **第一步：**岗位准备。

（1）开包员在检查过程中遇交接班时，在岗的开包员要将正在检查的旅客箱（包）处理完毕后，方可进行交接班。

微课 5 物品检查的实施

（2）对于其他待检箱（包），须指明开检内容，接班人明确后，交班人方可离开，必要时须经开机员确认。

（3）如发现设备故障（上岗前、开机过程中、下岗时、机器关闭时），请及时上报班长与分队长进行报修。设备修复后应及时告知班长与分队长。

☞ **第二步：**岗位操作实施。

（1）开包员疏导箱（包）。开包员站立在 X 射线机行李传送带出口内侧疏导箱（包），避免过检箱（包）被挤压、翻倒、掉落；遇有摄像机、易碎物品、易倾洒物品、其他特殊物品时，应及时提醒开机员停机并请旅客及时取下。

（2）根据开机员指令确定开检箱（包）。在没有得到开机员指明开启箱（包）的位置时，应该按照由外到内的原则开启箱（包）。

（3）当开包员得到开机员的开检指令后，开包员按开机员要求确定开检的区域。待物主到达前，开包员控制需开检箱（包）；物主到达后，开包员与物主确认箱（包）并告知物主箱（包）需要开检。

（4）对目标箱（包）实施开检。

（5）根据开机员指定的重要区域或物品对箱（包）进行有针对性的检查。

（6）开包员要做到对已查和未查物品的有效管控，避免过检人员接触。

◇ **第三步**：处理特殊情况。

当不能明确所要开检的物品具体位置时：

（1）检查箱（包）的外层时应注意检查其外部小口袋、有拉链的外夹层及箱（包）外部边角、缝隙、轮轴等易夹藏物品的部位。

（2）用手沿箱（包）的四个侧面上下摸查，检查内部时注意夹层、底层和内层小口袋。

（3）检查过程中，开包员应根据物品种类采取相应的方法（看、听、摸、拆、掂、捏、嗅、探、敲、开等）进行检查。

（4）开包员将开检出的物品与开机员沟通确认。

（5）检查完毕后，开包员协助旅客整理好箱（包）并提醒过检人员拿好随身行李物品。对于开机员告知需对箱（包）内的某类物品及箱（包）分开过检时，应将物品及箱（包）分开再次经过 X 射线机进行检查。

（6）在检查邮件过程中若发现可疑邮包，应会同邮寄方共同开包检查。对不便于开包检查的，退邮寄方处理；对伪报品名或在邮件中夹带危险品的交民航公安机关处理。

（7）接到遇劫信息后，须立即向民航公安机关报告如下内容：该次航班的安检、监护过程有无发生可疑情况，是否全部旅客均经过安全检查，是否按照有关规定实行人身检查和开包检查；配合公安机关检查遇劫航班旅客安检时使用的仪器是否处于良好技术状态；了解上岗前的测试情况以及安全门在检查过程中所使用的档次，中间是否调换。在条件许可时，应暂时关闭该安检通道；配合公安机关对承担遇劫航班安检任务的各岗位安检人员开展调查取证工作，查明情况，分清责任。

（8）检查过程中若发现属安全物品则交还旅客本人或将物品放回旅客箱（包），协助旅客将箱（包）恢复原状，而后对箱（包）进行 X 射线机复检；若发现违禁品则作移交处理。

（9）清查各种工作记录和登记信息并如实上报：手提行李件数、开包检查数；

查出危险品、违禁品数及其处理情况；移交机组保管的限制物品件数、品名及物主座位号；X射线机检查发现的特殊情况。

▶▶ 知识拓展

一、X射线机开关机操作规范

（1）操作员使用仪器前应检查仪器外观是否完好。

（2）开启稳压电源，观察电压指示是否稳定在220～230V的范围内。

（3）开启X射线机电源，待运行自检测程序正常后开始检查工作。

（4）检查中，如遇设备发生故障，应立即报告值班主管。

（5）工作结束后，应关闭X射线机电源及稳压电源。可能有些机型需要先打开X射线机操作界面，待图像存储完成后，再关闭X射线机电源及稳压电源。

X射线机如图3-3所示。

图3-3　X射线机

二、X射线及X射线机基本知识

（1）X射线是一种电磁波，其波长比可见光的波长短，穿透力强。

（2）X射线机的工作原理。X射线机是利用X射线的穿透特性，由射线发生器产生一束扇形窄线对被检物体进行扫描。X射线穿过传送带上移动的行李，根据X射线对不同物质的穿透能力不同，相应地发生衰减。探测器接收到经过衰减的X射线信号，通过信号处理，转变为图像显示出来。

三、X射线的自我防护方法

目前，安全技术检查机构为安全使用X射线机采取了一系列防护措施，如整机用金属机壳封住（电子柜），通过两端铅门帘遮蔽，防止X射线泄漏。X射线机采用有源器件，通电后传送带运行时光障被物品遮挡才可能发射 X 射线，对工作人员进行可靠的保护。对 X 射线机操作人员和在其周围工作的人员来说，应有自我保护意识：不要破坏铅门帘；除必要的检修外，不要打开机壳；不要在打开机壳的情况下轻易发射 X 射线等。

四、空防安全风险

（1）现有检查手段有限，对不明液体、粉末及不明物体的检查无法有效判定其性质，导致违禁物品、危险物品进入隔离区、航空器。

（2）开放式安检现场后端无物理设施遮挡，旅客容易进入开包员岗位区域拿取旅客自弃物品，导致违禁品、危险品进入隔离区、航空器。

（3）过检人员可从行李出口端 X 射线机内直接将行李拽出拿走，导致漏检，将危险品、违禁品带入隔离区、航空器。

（4）开包员对待开检箱（包）不能有效管控，导致漏开箱（包）或违禁品被转移，危险品、违禁品进入隔离区、航空器。

（5）开包员对已开检违禁品、危险品未实施有效管控，导致危险品、违禁品进入隔离区、航空器。

五、有关安检人员的劳动保护

（1）在高寒、高温、高噪声条件下从事工作的安检人员，应享受相应的补助、津贴和劳动保护。

（2）在 X 射线区域工作的安检人员应当得到下列健康保护：每年到指定医院进行体检并建立健康状况档案；每年享有不少于两周的疗养休假；按民航局规定发给工种补助费；女性员工怀孕和哺育期间应当合理安排工作，避免在 X 射线区域工作。

（3）X 射线机操作检查员连续开机工作时间不得超过 40 分钟，每天累计不得超过 6 小时。

六、旅客携带锂离子电池乘机提示

（1）旅客或机组成员为个人自用内含锂金属、锂离子电池芯或锂离子电池（以下简称锂电池）的便携式电子装置（锂电池移动电源、手表、计算器、照相机、手机、笔记本电脑、便携式摄像机等）应作为手提行李携带登机，并且锂电池内的锂含量不得超过 2g，锂电池的额定能量值不得超过 100Wh（瓦特小时）。

超过 100Wh 但不超过 160Wh 的，经航空公司批准后可以装在手提行李中的设备上（每位旅客携带此类电池不能超过两个，且不能托运）。超过 160Wh 的锂电池严禁携带。

一般来讲，手机的锂电池额定能量一般为 3 ～ 10Wh；单反照相机的锂电池能量一般为 10 ～ 20Wh；便携式摄像机的锂电池能量一般为 20 ～ 40Wh；笔记本电脑的锂电池能量一般为 30 ～ 100Wh。可能含有超过 100Wh 能量锂电池的设备有新闻媒体器材、影视摄制组器材、演出道具、医疗器材、电动玩具、电动工具、工具箱等。

（2）便携式电子装置的备用电池必须单个做好保护以防短路（放入原零售包装或以其他方式将电极绝缘，如在暴露的电极上贴胶带，或将每个电池放入单独的塑料袋或保护盒当中），并且仅能在手提行李中携带。经航空公司批准的 100 ～ 160Wh 的备用锂电池只能携带两个。

（3）飞行过程中装有启动开关的锂电池移动电源（充电宝），应当确保开关处于关闭状态。不得使用移动电源为电子设备充电或作为外部电源使用；不得开启移动电源的其他功能。

（4）旅客和机组成员携带锂电池驱动的轮椅或其他类似的代步工具以及旅客为医疗用途携带的，内含锂金属、锂离子电池芯或锂离子电池的便携式医疗电子装置的，必须依照《危险物品安全航空运输技术细则》的运输和包装要求携带并经航空公司批准。

旅客携带锂离子电池乘机安全提示如图 3-4 所示。

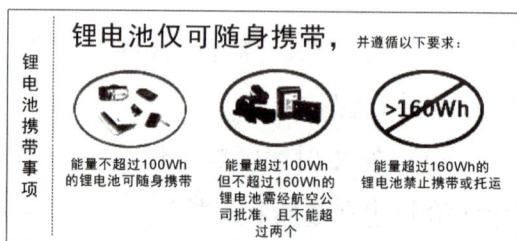

图 3-4 锂电池携带注意事项

七、旅客乘机常识

1. 每位旅客的免费行李额

国际航线免费行李额分为计重免费行李额和计件免费行李额两种。计重免费行李额，按照旅客所付的票价座位等级，每一全票或半票旅客免费行李额为：一等舱为 40kg（88 磅），公务舱为 30kg（66 磅），经济舱（包括旅游折扣）为 20kg（44 磅），按成人全票价 10% 购票的婴儿无免费行李额。计件免费行李额，按照旅客所付的票价座位等级，每一全票或半票旅客的免费行李额为两件，每件长、宽、高三边之和不得超过 158cm（62 吋），每件重量不得超过 32kg。但持有经济舱（包括旅游折扣）客票的旅客，其两件行李长、宽、高的总和不得超过 273cm（107 吋），按成人全票价 10% 购票的婴儿无免费行李额。

同时，随着民航业的发展，不同的航空公司、不同的航线对免费行李额的要求也不同，在购票时要及时了解免费行李的规定及相关注意事项。

2. 随身携带行李规定

随身携带物品的重量，每位旅客不能超过 5kg，体积不得超过 20cm×40cm×55cm。头等舱旅客每人可随身携带两件物品，公务舱或经济舱旅客只能随身携带一件物品。如超过重量、件数或体积限制的随身携带物品，应作为托运行李托运。

3. 托运行李的规定

每件不能超过 50kg，体积不能超过 40cm×60cm×100cm，超过上述规定的行李，须事先征得承运人的同意才能托运。根据民航有关规定，旅客不得利用客票为他人捎带行李。

4. 孕妇乘机规定

按照民航有关法规，怀孕 8 个月（含 8 个月）以上的孕妇，不可以乘机；怀孕 8 个月以下且没有孕期证明的，必须持有机场急救中心的可以乘机证明，方可办理乘机手续。

5. 携带宠物登机

民航机场可以办理宠物托运，但乘机人需要做到以下几点：

（1）在买票时要问清该航空公司的航班是否同意承载宠物。

（2）在动植物检验检疫部门开具证明。

（3）在机场交纳托运费并签字同意宠物在飞机上出现意外由托运人承担责任。

6. 遗失身份证如何登机？

乘机人可到遗失地派出所出具证件遗失证明或在户籍所在地派出所出具临时身份证明（需贴本人照片和加盖公章）或带齐其他可证明自己身份的材料到候机楼派出所咨询能否出具临时乘机证明。

7. 入境要交验哪些证件？

外国人入境须持有有效的护照、证件并办妥我国入境签证；中国人凭有效护照、证件入境。中、外国旅客入境时，须将填写好的入、出境登记卡连同护照、证件、签证，一并交边防检查站检查。

8. 何时停办乘机手续？

旅客必须在承运人规定的时限内到达机场，凭客票及本人有效身份证件按时办理查验、托运行李、领取登机牌等乘机手续（托运行李必须经过安全检查，才能办理托运手续）。承运人停止办理乘机手续的时间，未作统一规定，一般为航班离站时间前 30 分钟。

9. 出境要交验哪些证件？

外国人出境时须向边防检查站交验其有效护照、证件和出境登记卡，并在有效入境签证上规定期限内出境；中国人出境须向边防检查站交验有效的护照证件、前往国签证、出境登记卡及有关部门签发的出国证明。

10. 航班延误或取消后膳宿服务有什么规定？

由于机务维护、航班调配、商务、机组等原因，造成航班在始发地延误或取消，承运人应当向旅客提供餐食或住宿等服务。

由于天气、突发事件、空中交通管制、安检以及旅客等非承运人原因，造成航班在始发地延误或取消，承运人应协助安排旅客餐食和住宿，费用由旅客自理。

按照国际惯例，航班在始发地延误或取消，由于非承运人原因，其膳食费均由旅客自理；航班在经停地延误或取消，无论何种原因，承运人均应负责向经停旅客提供膳食服务。

11. 为什么提前 30 分钟停办乘机手续？

在办完乘机手续至飞机滑行到跑道起始点的 30 分钟内，民航工作人员要进行三个方面的工作：

（1）值机人员要清点旅客人数、行李件数和重量、货物件数、邮件等，并根据以上数据进行载重平衡的结算（载重平衡结算要画平衡图，计算重心位置），然后做好舱单，送上飞机交给机组，飞机方可放行，这些工作大约需要 15 分钟。

（2）在进行上述工作的同时，广播室通知旅客开始登机，服务员要核对登机牌，清点人数。旅客登上飞机后，乘务员要再次清点人数，防止有人漏乘；然后进行飞机起飞前的准备工作，如给旅客讲解有关注意事项和机上设备的使用方法，检查行李架上的行李是否放好、旅客的安全带是否系好等。搬运队还要往机舱内装运行李、货物、邮件，以上工作虽是同步进行，但全部完成需要 20 分钟。

（3）剩下 10 分钟是飞机关好舱门滑行至跑道起始点所需的时间。

所以飞机离开地面前 30 分钟应停办乘机手续，否则航班就会延误。

12. 乘机时怎样选择临窗座位？

初次乘飞机，很多人都喜欢坐在靠窗户的座位。飞机座位从机舱前部至尾部依次为1排、2排、3排……每排由左到右分为A、B、C、D等座号。旅客办理乘机手续时，会领取一张登机牌，登机牌标明有座位号。座位号由阿拉伯数字和英文字母组成，阿拉伯数字表示座位的第几排，英文字母表示该排座位中的具体位置。例如，5A表示的是第五排的A座，12D表示12排D座，依次类推。如果是波音737型飞机，则该机每排有6个座位，由于飞机座号是按英文字母顺序排列的，因此每排座位中的A座和F座是靠近窗户的。如果是每排只有4个座位的小型飞机，那么每排的A座和D座靠近窗户。

13. 晚到旅客怎样快速登机？

（1）充分利用无行李旅客安检快速通道登机。

如果因故晚到机场，但还赶得上办理乘机手续的话，可选择将所有行李办理托运，然后从无行李旅客安检快速通道登机。

如果是家庭集体出游的，可将所有行李交由其中一人携带排队候检，其他人则可从无行李旅客安检快速通道通过。这样既可使一家老小免受排长队之苦，也使机场设置的快速通道的人性化服务初衷得以真正体现。

团体出游的旅客也可参照该方法，由指定人员负责带齐所有团友的行李排队过安检，其他团友则可轻松地从无行李旅客安检快速通道通过，这样就大大加快了通关速度。

（2）直接从头等舱安检登机。如果是因意外导致晚到的旅客，只要如实将情况讲明，机场值机人员就会酌情在你的登机牌上加盖"优先安检"章，凭此章可优先从头等舱通道快速安检登机。此法只适用于持加盖"优先安检"章登机牌的晚到旅客。

（3）跟排在前面的旅客商量，征得同意后插队安检登机。

如果因不可抗原因晚到机场（正常情况应提前90分钟抵达机场），在办好乘机手续后，进入安检候检大厅时又适逢客流高峰排长龙。在这种情况下，首先建议旅客保持冷静，然后依据登机牌上注明的登机时间（一般比起飞时间提前半小时）进行估算，如果登机时间已到或广播已再三敦促登机，可直接走到任何一条队伍的前头，然后态度诚恳地向排在前头的旅客解释迟到原因和时间已到急需登机的实际情况，争取说服他们同意插队安检登机。

此外，为了能确保旅客顺利登机，民航部门特别提醒：乘坐民航班机务请按客票上规定的时间提前抵达机场，以便有足够时间办理乘机手续；切勿携带枪支、弹药、管制刀具、打火机、酒类、易燃、易爆、有毒、腐蚀性、放射性等违禁危险物品登机；同时尽量少带或不带粉状物、液体等物品上飞机。

阅读与思考

近日，上海浦东国际机场安检处查出一个U盘式电子打火机。旅客孙先生准备乘坐国航CA1947航班前往成都，在候机楼A区的头等舱安检通道内，其手提行李内的电子物品在X射线机的显示下有异样，开机员随机下达开包指令。开包员在包内找到一个U盘，但是该U盘非同寻常，还兼具打火机的功能。USB插孔内有两条电阻丝可以加热，只要将开关轻轻向下拨动就可以产生高温火焰，由于其外部没有打火机的特征，只显示金属丝，具有极强的隐蔽性。

安检员告知孙先生该物品属于火种类物品，严禁携带，可以让送行的家人带回去。孙先生表示U盘内含有重要文件需要随身携带，也没有送行的家人。安检员见他随身带有笔记本电脑，同时登机时间还早，便建议孙先生将资料拷贝到笔记本电脑里。孙先生采纳了这个建议，安检员给孙先生搬来凳子让其坐下操作，拷贝完文件后安检员给孙先生办理了暂存手续，孙先生对此表示非常感谢，称赞浦东机场的安检严格仔细，服务周到。

考核评价

小组按角色分别扮演旅客与开箱（包）检查员，进行开箱（包）检查工作任务，将评价考核结果填入表3-1。

表3-1　开箱（包）检查前的准备工作考核评价表　　　总得分

项目	评分标准	小组自评	小组互评	教师点评	实际得分
仪容仪表	1. 穿着统一制服；用发带盘发，无碎发；未佩戴饰品（手表、手链、耳环、项链等）；未染指甲，指甲干净。20分 2. 穿着统一制服；用发带盘发，有碎发；未佩戴饰品（手表、手链、耳环、项链等）；未染指甲，指甲干净。15分 3. 未穿制服；盘发有碎发；佩戴有少量饰品；未染指甲，指甲干净。10分				

（续）

项　目	评 分 标 准	小组自评	小组互评	教师点评	实际得分
仪容仪表	4. 未穿制服；未盘发；佩戴造型夸张的饰品；指甲不干净。5 分				
站姿微笑	1. 站姿规范，微笑自然。20 分 2. 站姿较规范，微笑基本自然。15 分 3. 有微笑，站姿不符合岗位规范。10 分 4. 无微笑，站姿不符合岗位规范。5 分				
文明用语	1. 能正确使用岗位文明用语。20 分 2. 较准确使用岗位文明用语。15 分 3. 基本能使用岗位文明用语。10 分 4. 不能使用岗位文明用语。5 分				
开箱（包）检查	1. 能够熟练进行开箱（包）检查前的岗位操作。20 分 2. 较熟练进行开箱（包）检查前的岗位操作。15 分 3. 基本能进行开箱（包）检查前的岗位操作。10 分 4. 未能进行开箱（包）检查前的岗位操作。5 分				
动作规范	1. 开箱（包）检查前的准备工作符合岗位规范。20 分 2. 开箱（包）检查前的准备工作较符合岗位规范。15 分 3. 开箱（包）检查前的准备工作基本符合岗位规范。10 分 4. 开箱（包）检查前的准备工作不符合岗位规范。5 分				

注：实际得分 = 教师点评 40%+ 小组互评 30%+ 小组自评 30%。

练一练

1. 判断题（正确的打"√"，错误的打"×"）。

（1）用 X 射线机检查时，发现粉末状的物品可不用开箱（包）检查。（　　　）

（2）旅客携带密码箱进入检查区域，即使发生报警也不能随便打开密码箱。

（　　　）

2. 简答题

（1）简述开箱（包）检查操作有哪些步骤。

（2）简述开箱（包）检查的要求及注意事项。

任务二 检查和处理各类常见物品

/学习目标/

1. 掌握对常见物品的检查方法。
2. 能检查和处理各类常见物品。
3. 在学习中强化安全责任意识，养成认真细致的学习习惯。

/能力目标/

能够根据图像判断物品的种类。

▶ 任务导入

2021年3月23日下午15时许，丹东机场安检站开包员小吴正在执行CZ6756航班的安全检查任务时发现一男性旅客通过安全门时神情异常紧张，立刻提高了警惕。在检查其右裤兜时发现有异物，该旅客声称是私人物品并且拒绝接受检查，边说边向后退企图逃跑，这时开包员小吴应该如何处理？

▶ 知识准备

一、仪器仪表的检查方法

对仪器仪表通常进行X射线机透视检查，如X射线机透视不清又有嫌疑，可用看、掂、探、拆等方法检查。看仪器、仪表的螺丝是否有打开过的痕迹；对家用电表、水表等可检查外观，掂其重量判断；对嫌疑很大的仪器仪表可以当场拆开检查，看里边是否藏有违禁物品。

二、各种容器的检查方法

对容器进行检查时，可取出容器内的物品，采取敲击、测量的方法，听其发出的声音，分辨有无夹层，并测出容器的外高与内深，外径与内径的比差是否相符。如果不能取出里面的物品，则可采用探针检查或使用防爆探测器进行安全检查。

三、各种工艺品的检查方法

对各种工艺品的安全检查一般是采用摇晃、敲击、听等方法，摇晃或敲击时，仔细听其有无杂音或异物晃动声。

四、容器中液体的检查方法

对液体检查一般可采用看、摇、嗅及借助液体探测仪进行探测等方法进行。看容器是否为原包装封口，摇液体有无泡沫，闻液体气味是否异常等（白酒的气味香浓，汽油、酒精、香蕉水的刺激性大），但是在操作过程中要注意安全。

五、特殊物品的检查方法

对旅客携带的骨灰盒、神龛、神像等特殊物品，如 X 射线机检查发现有异常物品时，可征得旅客同意后再进行手工检查；在旅客不愿意通过 X 射线机检查时，可采用手工检查或使用防爆检测仪进行安全检查。

六、衣物的检查方法

衣服的衣领、垫肩、袖口、兜部、裤腿等部位容易暗藏武器、管制刀具、爆炸物和其他违禁物品。因此，在安全检查中，对旅客行李物品箱中的可疑衣物要用摸、捏、掂等方式进行检查。对冬装及皮衣、皮裤更要仔细检查，看是否有夹层，捏是否暗藏有异常物品，衣领处能暗藏一些柔软的爆炸物品，掂重量是否正常。对衣物检查时应使用手掌进行摸、按、压。因为手掌的接触面积大且敏感，容易发现藏匿在衣物内的危险品。

七、皮带（女士束腰带）的检查方法

对皮带（女士束腰带）进行检查时，看边缘缝合处有无再加工的痕迹，摸带圈内是否有夹层。

八、书籍的检查方法

书籍容易被忽略，较厚或者是捆绑在一起的书籍可能被挖空，暗藏武器、管制刀具、爆炸物和其他违禁物品。检查时，应将书籍打开翻阅检查，查看其中是否夹藏有上述物品。

九、笔的检查方法

看笔的外观是否有异常，掂其重量是否正常，按下开关或打开查看是否改装成笔刀或笔枪。

十、雨伞的检查方法

雨伞的结构很特殊，往往容易被劫机分子利用，在其伞骨伞柄中藏匿武器、匕首等危险物品以混过安全检查。在检查中可用捏、摸、掂直至打开的方法进行检查，要特别注意对折叠伞的检查。雨伞的检查如图3-5所示。

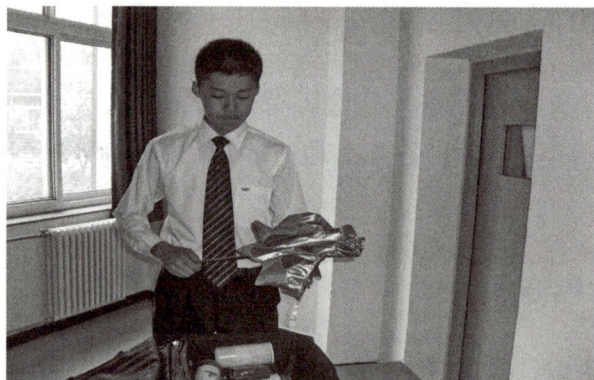

图 3-5　雨伞的检查

十一、手杖的检查方法

对手杖进行敲击，听其发声是否正常；认真查看其是否被改成拐杖刀或拐杖枪。

十二、玩具的检查方法

儿童携带的玩具也可能藏有刀具和爆炸装置。对毛绒玩具进行检查时，通常要看其外观，用手摸查有无异物；对电动玩具进行检查时，可通电或打开电池开关进行检查；对有遥控设施的玩具进行检查时，查看其表面是否有打开过的痕迹，摇晃是否有不正常的声音，掂其重量是否正常，拆开遥控器检查电池，查看是否暗藏危险品。

十三、香烟的检查方法

整条香烟、烟盒和其他烟叶容器一般都是轻质物品，主要看其包装是否有被重新包装的痕迹和掂其重量（每条香烟重量约为 300g）来判断是否正常，对有怀疑的物品要打开包装检查。

十四、摄像机、照相机的检查方法

对一般类型的摄像机、照相机，可首先检查其外观是否正常，有无可疑部件，有无拆卸过的痕迹，重点检查带匣、电池盒（外置电源）、取景窗等部分是否正常，也可以掂其重量来判断是否存在异常。对可疑的请旅客进行操作以查明情况。对较复杂的大型摄像机，可征得旅客的同意进行 X 射线机检查。

十五、收音机的检查方法

对于收音机的检查一般要打开电池盒盖，抽出天线，查看其是否藏匿有违禁物品；必要时，可打开外壳检查内部。

十六、录音机、便捷式 CD 机的检查方法

检查其是否能正常工作，必要时打开电池盒盖和卡带舱（碟舱），查看是否藏匿有危险物品。

十七、笔记本电脑的检查方法

检查其外观有无异常，掂其重量是否正常，可请旅客将笔记本电脑启动，查看能否正常工作；对鼠标、电源等附件也要进行检查。

十八、手机的检查方法

检查手机时可用看、掂、开等方法进行检查。看其外观是否异常，掂其重量，通过开关手机来辨别手机是否正常。必要时，可请旅客现场操作以查明情况。

十九、乐器的检查方法

乐器都有发音装置，对弦乐器材可采用拨、按、听、看的方法，听其是否能正常发音；对管乐器材可请旅客现场演示。

二十、口红、香水等化妆物品的检查方法

微型发射器可以伪装成口红的外观，可通过掂其重量并打开进行检查。部分

香水的外部结构在 X 射线机屏幕上显示图像与微型发射器类似，在检查时观看瓶体说明并请旅客试用。

二十一、粉末状物品的检查方法

粉末状物品性质不易确定，应取少量粉末状物品通过炸药探测仪进行防爆检测，以确保该物品的安全。粉末状物品的检查如图 3-6 所示。

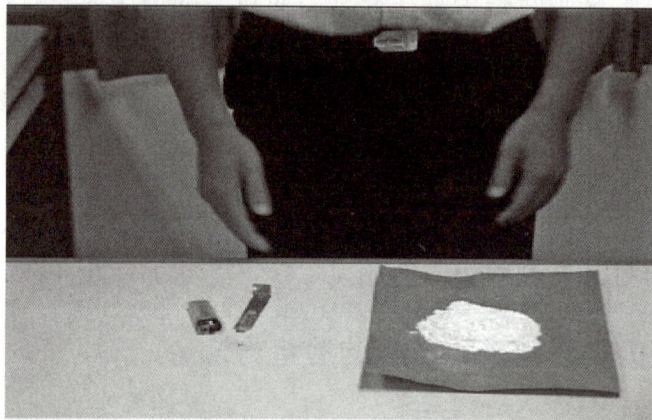

图 3-6　粉末状物品的检查

二十二、食品的检查方法

对罐装或袋装食品的检查，应掂其重量判断是否与罐体、袋体所标注重量相符；看其封口是否有重新包装的痕迹。发现可疑时，可请旅客自己品尝。

二十三、小电器的检查方法

诸如电吹风机、电动卷发器、电动剃须刀等小型电器可通过观察外观、开启电池盒盖、现场操作的方法进行检查。对于钟表要检查表盘的时针、分针、秒针是否正常工作，拆开其电池盖查看是否被改装成钟控定时爆炸装置。

二十四、鞋的检查方法

采用看、摸、捏、掂等检查方法来判断鞋中是否藏有违禁物品。"看"是指查看鞋的外层与内层；"摸"是使用手的触感来检查鞋的边缘等较为隐蔽之处，检查是否异常；"捏"是通过用手的挤压来感觉是否异常；"掂"是要掂鞋的重量与正常是否相符。必要时可通过 X 射线机进行检查。

▶▶ 任务实施

⇨ **第一步**：交运行李的检查与处理。

（1）对旅客交运行李的安全检查应在旅客办理乘机手续时同步进行，检查无问题后方可同意其托运。

（2）对于尚未实施交运行李检查与值机手续同步进行的机场，应将已检查的托运行李实行封包或加贴封条，并实施有效监控，防止验讫的行李被夹塞物品或与未经检查的行李相混淆。

（3）对已办理登机手续并交运行李而未登机的旅客，其行李不得装进或留在航空器上。旅客中途中止旅行时，应将行李卸下。

⇨ **第二步**：对特殊物品的处理。

（1）对不易确定性质的粉末状物品，可以采用试烧的方法，通过观察其燃烧程度来判断是否有异常。

（2）对外形怪异、包装奇特的物品，首先应请旅客对其功能、用途和操作方法进行说明；然后应通过 X 射线机进行检查，弄清楚内部结构及有无藏匿违禁物品；对有疑问的物品可进行拆、捏、摸等手工检查。

⇨ **第三步**：整理还原箱（包）。

（1）检查中若属安全物品则交还旅客本人或将物品放回旅客箱（包），协助旅客将箱（包）恢复原状，而后通过 X 射线机对箱（包）进行复检。

（2）若为违禁品则作移交处理；若过检人员申明携带的物品不宜接受公开开包检查，开包员应请值班主管处理。

（3）遇有过检人员携带胶片、计算机软盘等且不愿通过 X 射线机进行检查时，应进行手工检查。

▶▶ 知识拓展

一、物品检查的范围

物品检查的范围主要包括：旅客、进入隔离区的工作人员随身携带的物品、随机托运的行李物品以及航空货物和邮件。

二、重点检查物品的分类

（1）用 X 射线机检查时，图像模糊不清，无法判断物品的性质。

（2）用 X 射线机检查时，发现有疑似电池、导线、钟表以及粉末状、液态、枪弹状物或其他可疑的物品。

（3）X 射线机图像中显示有容器、仪表、瓷器等物品的。

（4）照相机、收音机、录音录像机及电子计算机等电子设备。

（5）携带者特别小心或时刻不离身的物品。

（6）携带的物品与其职业、事由和季节不相符的。

（7）携带人声明不能用 X 射线机检查的物品。

（8）现场表现异常的旅客或群众揭发的嫌疑分子所携带的物品。

（9）公安部门通报的嫌疑分子或被列为查控人员所携带的物品。

（10）旅客携带的密码箱（包）进入检查区域发出报警的。

三、乘机旅客的差异

乘机旅客的差异主要包括地区差异、年龄差异、职业差异、职务差异、散客与团体乘客差异以及初次乘机旅客与经常乘机旅客的差异。

掌握旅客及行李物品差异的意义重大：有助于维护空防安全，提高安检工作质量；有助于掌握旅客行李特征，提高服务质量；有助于提高自身的心理素质。

四、旅客行李、物品的分类

1. 旅客行李分类

（1）旅客携带的行李箱（包）按大小可分为三类。

1）小型行李包括手包、电脑包、腰包、女士单肩包、手提袋等。

2）中型行李包括双肩背、旅行包、礼品箱、工具箱、手提箱等。

3）大型行李包括拉杆箱、编织袋等。

（2）旅客携带的行李箱（包）按材料分软体、硬体两类。

1）软体包包括手包、电脑包、腰包、女士单肩包、手提袋、双肩背、旅行包、礼品箱等。

2）硬体包包括拉杆箱、工具箱等。

2. 旅客物品分类

书籍杂志类、食品类、服装类、瓷玉类工艺品、药品及化妆品等。饮料与化妆品由于大部分是瓶装，检查时应注意塑料瓶、玻璃瓶与瓷瓶的区别。此外，还包括电器类、工具类、刀剪类、金属工艺品等物品，其中电器类物品主要包括：笔记本电脑、平板电脑、手机、数码相机、剃须刀等及其充电器。

阅读与思考

　　于女士在通过安检时，由于随身携带了超量的液体物品，需要外出办理托运手续。但由于登机时间临近，对航站楼完全不熟悉的于女士显得非常着急。此时，安检员小侯正准备下班，看到这一幕后她主动来到于女士身边，表示愿意带领于女士办理托运手续。同时，小侯发现于女士随身携带的行李较多，主动帮助于女士提拿行李物品，并一直陪同其办理完成了托运手续。最终，在小侯的帮助下，于女士得以顺利登机。于女士对小侯更是感激不尽、赞不绝口，称赞其有爱心、有责任感，是一名优秀的民航工作者！

▶ 考核评价

　　小组按角色分别扮演旅客与开包检查员，进行各类常见物品的检查工作，将评价考核结果填入表3-2。

表3-2　常见物品检查考核评价表　　　　总得分 _____

项　目	评 分 标 准	小组自评	小组互评	教师点评	实际得分
仪容仪表	1. 穿着统一制服；用发带盘发，无碎发；未佩戴饰品（手表、手链、耳环、项链等）；未染指甲，指甲干净。20分 2. 穿着统一制服；用发带盘发，有碎发；未佩戴饰品（手表、手链、耳环、项链等）；未染指甲，指甲干净。15分 3. 未穿制服；盘发有碎发；佩戴有少量饰品；未染指甲，指甲干净。10分 4. 未穿制服；未盘发；佩戴造型夸张的饰品；指甲不干净。5分				
站姿微笑	1. 站姿规范，微笑自然。20分 2. 站姿较规范，微笑基本自然。15分 3. 有微笑，站姿不符合岗位规范。10分 4. 无微笑，站姿不符合岗位规范。5分				
文明用语	1. 能正确使用岗位文明用语。20分 2. 较准确使用岗位文明用语。15分 3. 基本能使用岗位文明用语。10分 4. 不能使用岗位文明用语。5分				

（续）

项　目	评 分 标 准	小组自评	小组互评	教师点评	实际得分
常规物品检查	1. 能够准确识别和处理违禁物品。20 分 2. 较准确识别和处理违禁物品。15 分 3. 基本能识别违禁物品，但漏查违禁物品。10 分 4. 不能识别违禁物品，并漏查违禁物品。5 分				
动作规范	1. 手检动作规范，程序正确。20 分 2. 手检动作规范，程序较正确。15 分 3. 手检动作基本符合程序，动作简单粗暴。 10 分 4. 手检动作不规范，程序错误。5 分				

注：实际得分 = 教师点评 40%＋ 小组互评 30%＋ 小组自评 30%。

练一练

1. 简答题

（1）行李物品需开箱（包）检查时，旅客不配合工作怎么办？

（2）安检现场发现无人认领的行李物品时，应该怎么办？

（3）开包员在请旅客开箱（包）检查过程中，旅客转身就跑，应该怎么办？

（4）在执行开箱（包）检查时，在旅客的行李内发现了几本非法出版物，此时开包员怎么办？

（5）在执行开箱（包）检查时，遇有一名旅客想抢回被开包员检查出来的管制刀具时，应该怎么办？

2. 案例分析

4 月 14 日 16:55 分，X 射线机操作员在对 MU5719 昆明至北京的中转行李进行图像判读时，发现一件拉杆箱图像与正常行李图像存在明显差异。操作员立刻对该行李发出开检指令。行李托运人到达开包间后，开包员请其打开行李配合检查，但该行李托运人并未按要求打开行李，而是取出手机准备打电话。此时开包员应该如何处理？

任务三　办理暂存和移交单据

/学习目标/

1. 掌握办理暂存、移交的程序和可以办理移交、暂存物品的范围。
2. 能够正确填写移交、暂存物品单据。
3. 在学习中强化学生认真细致的学习习惯和安全责任的意识。

/能力目标/

能够正确对特殊物品进行处理及移交。

任务导入

旅客雷小姐准备乘坐某航班从北京首都国际机场前往上海，其随身携带的行李中有超规的液体物品（化妆品）。此时，安检员应该如何处理？

知识准备

一、办理暂存、移交的程序

由安检员将旅客及其物品带至受理台后，受理人员根据相关规定对旅客不能带上飞机的物品办理暂存、移交手续。属于暂存、移交范围的物品包括以下几个方面。

1. 禁止旅客随身携带或者托运的物品

（1）勤务中查获的枪支、弹药、警械具类、爆炸物品类、管制刀具、易燃易爆物品、毒害品、腐蚀性物品、放射性物品、其他危害飞行安全的物品等国家法律、法规禁止携带的物品应移交公安机关处理，并做违禁物品登记。

（2）对于旅客携带的限量物品超出部分，安检员可请旅客将其交给送行人带回或自行处理。如果旅客提出放弃，安检员将该物品归入旅客自弃物品回收箱中。

2. 禁止旅客随身携带但可作为行李托运的物品

勤务中查获的禁止旅客随身携带但可作为行李托运的物品（如超长水果刀、大剪刀、剃刀等生活用刀；手术刀、雕刻刀等专业刀具；刀、矛、剑、戟等文艺表演用具；斧、凿、锤、锥，加重或有尖头的手杖等危害航空安全的锐器、钝器）。

（1）移交员应告知旅客该类物品可作为行李托运或交给送行人员。如果来不及办理托运，可为其办理暂存手续。办理暂存手续时，受理员应告知旅客暂存期限为30天，如果超过30天无人认领，将视为自动放弃，交由民航公安机关处理。

暂存物品收据一式三联，见表3-3。开具单据时必须按照单据所列的项目逐项填写，一联留存，一联交旅客，一联粘贴在"暂存物品袋"上。

表 3-3　暂存物品收据

Receipt for Temporally Preserved Items Due to Aviation Security　　　编号（No.）：

日　期 Date	
航班号/目的地 Flight No./Destination	
旅客姓名 Passenger's name	
物品名称/数量 Item/Quantity	
旅客签名 Signature	
经办人 Person handling the transaction	

注：暂存物品请在30日内凭单据领取，逾期不认领者按无主处理。

（2）填写暂存物品登记表。

（3）国际航班的移交员还可根据航空公司的要求为旅客办理移交机组手续，填写换取物品单据，并告知旅客下飞机时凭此单据向机组取回物品。

换取物品单据一式三联。开具单据时必须按照单据规定的项目逐项填写，一联留存，一联交给旅客，一联贴于"移交袋"上。如"移交袋"不能容纳，可贴于被移交物品外包装上。

（4）如果旅客提出放弃该物品，移交员将该物品归入旅客自弃物品回收箱（筐）中。

3. 旅客限量随身携带的生活用品

（1）勤务中查获的需限量随身携带的生活用品，移交员可请旅客对超量部分送交送行友人带回或自行处理。对于携带的酒类物品，移交员可建议旅客交送行友人带回或办理托运。

（2）如果旅客提出放弃，安检员将该物品归入旅客自弃物品回收箱（筐）中。

4. 勤务中查获的物品

勤务中查获的走私物品、淫秽物品、毒品、赌具、伪钞、反动宣传品等，应做好登记并将人和物品移交民航公安机关、海关等相关联检单位依法处理。

5. 旅客（工作人员）丢失的物品

（1）由捡拾人与移交员共同对捡拾物品进行清点、登记。

（2）捡拾物品在当日未被旅客取走的则上交失物招领处，并取回回执。

6. 移交员岗位职责

每天在勤务结束后，移交员将暂存物品、旅客自弃物品及暂存物品登记表上交值班员兼信息统计员。

7. 值班员兼信息统计员岗位职责

（1）对移交员上交的暂存物品进行清点、签收，并保留暂存物品登记表。

（2）负责将暂存物品按日期分类，分别放置在相应的层柜中，以备以后旅客提取暂存物品时方便查找。

（3）负责对旅客自弃物品收存。

8. 暂存物品的领取及处理

（1）旅客凭暂存物品单据在30日内领取暂存物品。物品保管员根据暂存物品单据上的日期、序列号找到暂存物品，确认无误后返还领取人，同时物品保管员将旅客手中的暂存物品单据收回。

（2）对于超过30天后无人认领的暂存物品应及时上交民航公安机关处理；对于已经返还的暂存物品，则在暂存物品登记表上注销，并将暂存物品登记表同无人认领物品一并上交。

（3）对于旅客自弃的物品应定期回收处理。

二、暂存、移交物品单据的填写和使用

暂存物品是指不能由乘机旅客随身携带，且旅客本人又不便处置的物品。暂存物品收据是指具备物主姓名、证件号码、物品名称、标记、数量、新旧程度、存放期限、经办人和物主签名等项目的一式三联单据。

在开具单据时必须按照单据所规定的项目逐项填写，不得漏项。暂存物品收据一式三联：第一联留存，第二联交给旅客，第三联贴于暂存物品上以便于旅客

领取。安检部门收存的暂存物品应设有专人专柜妥善保管，不得丢失。

暂存物品收据有效期限一般为 30 天，逾期未领者，视为自动放弃物品，由安检部门酌情处理。对于 30 天内无人认领的暂存物品将统一收存，再延长 7 天存放期，若 7 天后仍无人认领的，则视同无人认领物品进行上交处理。对于已经返还的暂存物品，则在暂存物品登记表上核销，并将暂存物品登记表与无人认领物品一并上交。

▶ 任务实施

⇨ **第一步**：填写暂存物品单据。

暂存物品单据的使用和填写要求：填写物主姓名、证件号码、物品名称、标记、数量、新旧程度、存放期限、经办人等信息，同时请物主签名。在开具单据时必须按照单据所规定的项目逐项填写，不得漏项。

⇨ **第二步**：填写移交物品单据。

移交是指安检部门在安全检查工作中将遇到的问题按规定移交给各有关部门。这里所说的移交包括三个方面：移交给民航公安机关、移交机组或移交其他有关部门，也就是要办理好交接手续，清点所有物品。

移交物品单据是指安检部门在检查工作中遇到有物品需要移交时填写的三联单，让接收人签名后，将第一联留存，第二联交给旅客，第三联交接收人。移交物品单据应妥善保管，以便存查。

对旅客遗留的物品，要登记清楚数量、型号、日期，安排专人妥善保管，方便旅客认领。对旅客自弃的物品，安检部门要统一造册，妥善保管，经上级领导批准后再作出处理。

⇨ **第三步**：特殊情况的处理。

安检中发现可能被用来劫（炸）机的武器、弹药、管制刀具以及假冒证件等，应当连人带物移交所属民航公安机关审查处理。移交时，应填写好移交清单，互相签字并注意字迹清晰，不要漏项。

对安检中发现的具有走私文物、毒品、淫秽物品、伪钞等嫌疑的，应连人带物移交有关部门审查处理。

旅客携带《禁止旅客随身携带但可作为行李托运的物品》中所列物品且来不及办理托运的，应按规定或根据航空公司的要求为旅客办理手续后移交给机组，到目的地后交还。

▶▶ 知识拓展

一、物品管理规定

（1）物品管理包括对旅客、物主暂存、自弃和遗留物品的管理。

（2）物品管理应由专人负责，并建立台账。

（3）禁止旅客随身携带但可作为行李交运的物品以及限量携带物品的超量部分，在来不及办理交运手续或移交机组时，可作暂存处理。安检人员应给物主开具暂存物品收据。

（4）对旅客、物主自动放弃的物品应当统一登记造册，记录收到的时间、地点、数量及品名。

（5）发现旅客、物主遗留在安检现场的物品，应当由两名以上（包括两名）安检人员共同清点和登记，并及时交给专人保管。贵重物品应及时报告值班主管，尽可能地寻找失主。

（6）对旅客暂存、遗留且在 30 天内无人认领的物品以及旅客自弃的物品，应当统一登记造册，交民航公安机关处理。

二、旅客物品暂存手续

旅客在通过安全检查时，遇到生活物品不能随身携带，但又没有时间办理行李托运的，以及禁止旅客随身携带但可以托运的物品，机场管理机构应为旅客提供暂存服务。

阅读与思考

旅客白女士在过检时随身携带了一瓶超规化妆品。由于登机时间紧张，白女士来不及办理托运手续。这时，机场安检员小王建议白女士办理物品暂存，等白女士旅程归来时可以到机场领取。而后，白女士在小王的帮助下填写了暂存物品收据，并顺利过检登机。白女士对安检员小王给予的建议和帮助表示感谢，称赞其服务周到。

▶ 考核评价

小组按角色分别扮演旅客与安检服务人员，进行物品暂存移交工作，将评价考核结果填入表3-4。

表3-4 物品暂存移交工作考核评价表   总得分_____

项　目	评分标准	小组自评	小组互评	教师点评	实际得分
仪容仪表	1. 穿着统一制服；用发带盘发，无碎发；未佩戴饰品（手表、手链、耳环、项链等）；未染指甲，指甲干净。20分 2. 穿着统一制服；用发带盘发，有碎发；未佩戴饰品（手表、手链、耳环、项链等）；未染指甲，指甲干净。15分 3. 未穿制服；盘发有碎发；佩戴有少量饰品；未染指甲，指甲干净。10分 4. 未穿制服；未盘发；佩戴造型夸张的饰品；指甲不干净。5分				
站姿微笑	1. 站姿规范，微笑自然。20分 2. 站姿较规范，微笑基本自然。15分 3. 有微笑，站姿不符合岗位规范。10分 4. 无微笑，站姿不符合岗位规范。5分				
文明用语	1. 能正确使用岗位文明用语。20分 2. 较准确使用岗位文明用语。15分 3. 基本能使用岗位文明用语。10分 4. 不能使用岗位文明用语。5分				
物品暂存移交	1. 熟练而正确地填写暂存移交物品单据。20分 2. 能较准确地填写暂存移交物品单据。15分 3. 填写的暂存移交物品单据有缺项、字迹潦草。10分 4. 不能正确填写暂存移交物品单据，有多处明显错误。5分				
动作规范	1. 能正确处理枪支、弹药等违禁物品和遗留自弃物品。20分 2. 较准确处理枪支、弹药等违禁物品和遗留自弃物品。15分 3. 较准确处理枪支、弹药等违禁物品，未能正确处理遗留自弃物品。10分 4. 不能正确处理枪支、弹药等违禁物品和遗留自弃物品。5分				

注：实际得分 = 教师点评40% + 小组互评30% + 小组自评30%。

练一练

1. 在旅客行李中查出有毒、腐蚀性、放射性物品和其他可能会危害航空安全的物品及国家规定的其他禁运物品时，怎么办？

2. 在旅客行李中查出匕首、三棱刮刀、有自锁装置的弹簧刀、跳刀、武士刀及其他管制类刀具时，怎么办？

任务四　识别和处理禁止或限制携带、运输的物品

/学习目标/

1. 能处理枪支、弹药、管制刀具、军警械具等违禁物品。
2. 能处理走私物品、淫秽物品、毒品、赌具、伪钞等物品。
3. 在学习中强化安全责任意识和认真细致的学习习惯。

/能力目标/

掌握禁止旅客随身携带或托运的物品的种类。

▶ 任务导入

据报道，2018年3月21日晚上八点，一位来自马来西亚的旅客谢先生，在广州白云国际机场的超规行李托运处欲托运60捆檀香。据悉，这批檀香用两个大纸箱包得严严实实，还里三层外三层地用密封胶带缠好，安检员费了好大劲才将其拆开检查。每捆檀香大概有一百支，每一支檀香的直径为8mm，上面印有很多图案。这时安检员应该如何处理？

▶ 知识准备

一、禁止旅客随身携带或托运的物品

1. 枪支等武器（包括主要零部件）

能够发射弹药（包括弹丸及其他物品）并造成人身严重伤害的装置或者可能被误认为是此类装置的物品，主要包括：

（1）军用枪、公务用枪，如手枪、步枪、冲锋枪、机枪、防暴枪（见图3-7）。

（2）民用枪，如气枪、猎枪、射击运动枪、麻醉注射枪。

（3）其他枪支，如道具枪、发令枪、钢珠枪、境外枪支以及各类非法制造的枪支。

（4）上述物品的仿真品。

2. 爆炸或燃烧装置（物质）

能够造成人身严重伤害或者危及航空器安全的爆炸或燃烧装置（物质）或者

可能被误认为是此类装置（物质）的物品，主要包括：

图 3-7　枪支式样

（1）弹药，如炸弹、手榴弹、照明弹、燃烧弹、烟幕弹、信号弹、催泪弹、毒气弹、子弹（铅弹、空包弹、教练弹）（见图 3-8）。

（2）爆破器材，如炸药、雷管、引信、起爆管、导火索、导爆索、爆破剂。

（3）烟火制品，如烟花爆竹、烟饼、礼花弹。

（4）上述物品的仿真品。

图 3-8　弹药式样

3. 管制器具

能够造成人身伤害或者对航空安全运输秩序构成较大危害的管制器具，主要包括：

（1）管制刀具。凡符合下列标准之一的，可以认定为管制刀具：

1）匕首：带有刀柄、刀格和血槽，刀尖角度小于 60°的单刃、双刃或多刃尖刀，如图 3-9 所示。

2）三棱刮刀：具有三个刀刃的机械加工用刀具，如图 3-10 所示。

图 3-9　匕首式样　　　　　　　图 3-10　三棱刮刀式样

3）带有自锁装置的弹簧刀（跳刀）：刀身展开或弹出后，可被刀柄内的弹簧或卡锁固定自锁的折叠刀具，如图 3-11 所示。

图 3-11　弹簧刀式样

4）其他相类似的单刃、双刃、三棱尖刀：刀尖角度小于 60°，刀身长度超过 150mm 的各类单刃、双刃和多刃刀具，如图 3-12 所示。

图 3-12　单刃刀式样

5）其他刀尖角度大于 60°，刀身长度超过 220mm 的各类单刃、双刃和多刃刀具，如图 3-13 所示。

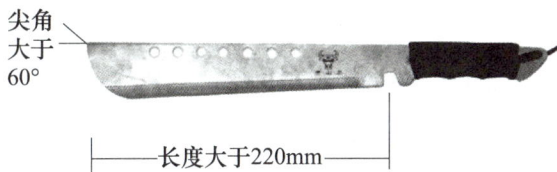

图 3-13　多刃刀式样

6）未开刀刃且刀尖倒角半径大于 2.5mm 的各类武术、工艺、礼品等刀具不属于管制刀具范畴。

7）刀具述语说明（见图 3-14 和图 3-15）：

① 刀柄是指刀上被用来握持的部分。

② 刀格（挡手）是指刀上用来隔离刀柄与刀身的部分。

③ 刀身是指刀上用来完成切、削、刺等功能的部分。

④ 血槽是指刀身上的专用刻槽。

⑤ 刀尖角度是指刀刃与刀背（或另一侧刀刃）上距离刀尖顶点 10mm 的点与刀尖顶点形成的角度。

⑥ 刀刃（刃口）是指刀身上用来切、削、砍的一边，一般情况下刃口厚度小于 0.5mm。

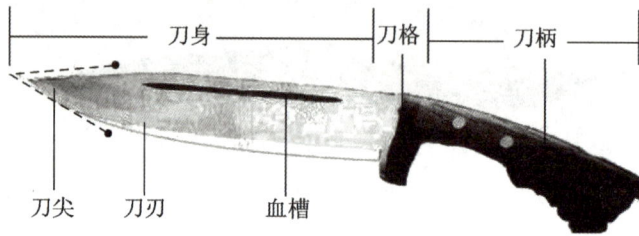

图 3-14　管制刀具说明

⑦ 刀尖倒角是指刀尖部所具有的圆弧度。

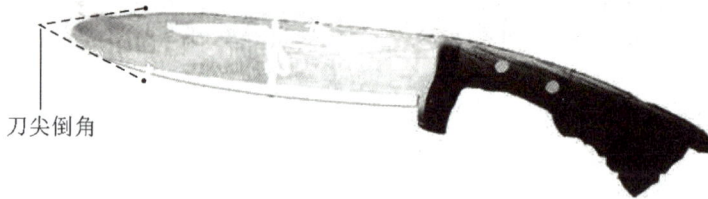

图 3-15　刀尖倒角式样

（2）军警械具，如警棍、警用电击器、军用或警用的匕首、手铐、拇指铐、脚镣、催泪喷射器。

（3）其他属于国家规定的管制器具，如弩。

4. 危险物品

能够造成人身伤害或者对航空安全和运输秩序构成较大危害的危险物品，主要包括：

（1）压缩气体和液化气体，如氢气、甲烷、乙烷、丁烷、天然气、乙烯、丙烯、乙炔（溶于介质的）、一氧化碳、液化石油气、氟利昂、氧气、二氧化碳、水煤气、打火机燃料及打火机用液化气体（见图 3-16）。

（2）自燃物品，如黄磷、白磷、硝化纤维（含胶片）、油纸及其制品。

（3）遇湿易燃物品，如金属钾、钠、锂、碳化钙（电石）、镁铝粉。

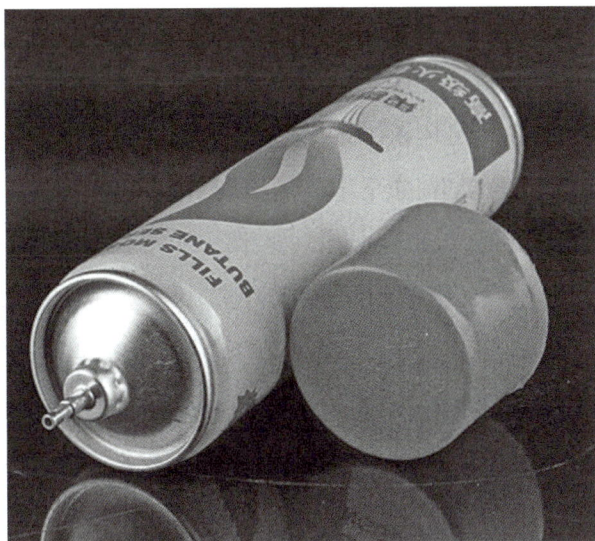

图 3-16 打火机充气罐式样

（4）易燃液体，如汽油、煤油、柴油、苯、乙醇（酒精）、丙酮、乙醚、油漆、稀料、松香油及含易燃溶剂制品。

（5）易燃固体，如红磷、闪光粉、固体酒精、赛璐珞、发泡剂。

（6）氧化剂和有机过氧化物，如高锰酸钾、氯酸钾、过氧化钠、过氧化钾、过氧化铅、过氧乙酸、过氧化氢（俗称"双氧水"）。

（7）毒害品，如氰化物、砒霜、剧毒农药等剧毒化学品。

（8）腐蚀性物品，如硫酸、盐酸、硝酸、氢氧化钠、氢氧化钾、汞（水银）。

（9）放射性物品，如放射性同位素（见图 3-17）。

图 3-17 放射性物品标志

5. 其他物品

其他能够造成人身伤害或者对航空安全和运输秩序构成较大危害的物品，主要包括：

（1）传染病病原体，如乙肝病毒、炭疽杆菌、结核杆菌、艾滋病病毒。

（2）火种（包括各类点火装置），如打火机、火柴、点烟器、镁棒（打火石）。

（3）额定能量超过 160Wh 的充电宝、锂电池（电动轮椅使用的锂电池另有规定）。

（4）酒精百分比含量大于 70% 的酒精饮料。

（5）强磁化物、有强烈刺激性气味或者容易引起旅客恐慌情绪的物品以及不能判明性质、可能具有危险性的物品。

（6）国家法律、行政法规、规章规定的其他禁止运输的物品。

二、限制旅客随身携带或托运的物品

1. 锐器

该类物品是带有锋利边缘或者锐利尖端，由金属或其他材料制成的、强度足以造成人身严重伤害的器械，主要包括：

（1）日用刀具（刀刃长度大于 6cm），如菜刀、水果刀、剪刀、美工刀、裁纸刀。

（2）专业刀具（刀刃长度不限），如手术刀、屠宰刀、雕刻刀、刨刀、铣刀。

（3）用作武术文艺表演的刀、矛、剑、戟等。

2. 钝器

该类物品是不带有锋利边缘或者锐利尖端，由金属或其他材料制成的、强度足以造成人身严重伤害的器械，主要包括：棍棒（含伸缩棍、双节棍）、球棒、桌球杆、板球球拍、曲棍球杆、高尔夫球杆、登山杖、滑雪杖、指节铜套（手钉）。

3. 其他

其他能够造成人身伤害或者对航空安全和运输秩序构成较大危害的物品，主要包括：

（1）工具，如钻机（含钻头）、凿、锥、锯、螺栓枪、射钉枪、螺丝刀、撬棍、锤、钳、焊枪、扳手、斧头、短柄小斧（太平斧）、游标卡尺、冰镐、碎冰锥。

（2）其他物品，如飞镖、弹弓、弓、箭、蜂鸣自卫器以及不在国家规定管制范围内的电击器、催泪瓦斯、胡椒辣椒喷剂、酸性喷雾剂、驱虫喷剂等。

三、随身携带或托运有限定条件的物品

1. 随身携带有限定条件但可托运的物品

（1）旅客乘坐国际、地区航班时，液态物品应当盛放在容积不超过 100ml 的单体容器内随身携带，与此同时盛放液态物品的容器应置于最大容积不超过 1L、可重新封口的透明塑料袋中，每名旅客每次仅允许携带一个透明塑料袋，超出部分应作为行李托运。

（2）旅客乘坐国内航班时，液态物品禁止随身携带（航空旅行途中自用化妆品、牙膏及剃须膏除外）。航空旅行途中自用的化妆品必须同时满足三个条件（每种限带一件、盛放在容积不超过 100ml 的单体容器内、接受开瓶检查）方可携带，牙膏及剃须膏每种限带一件且不得超过 100g（或 100ml）。旅客在同一机场控制区内由国际、地区航班转乘国内航班时，其随身携带入境的免税液态物品必须同时满足三个条件（出示购物凭证、置于已封口且完好无损的透明塑料袋中、经安全检查确认）方可随身携带，如果在转乘国内航班过程中离开机场控制区则必须将随身携带入境的免税液态物品作为行李托运。

（3）婴儿在航空旅行途中必需的液态乳制品、糖尿病或者其他疾病患者在航空旅行途中必需的液态药品，经安全检查确认后方可随身携带。

（4）旅客在机场控制区、航空器内购买或者取得的液态物品在离开机场控制区之前可以随身携带。

2. 禁止随身携带但托运有限定条件的物品

酒精饮料禁止随身携带，作为行李托运时有以下限定条件：

（1）标识全面、清晰且置于零售包装内，单个容器的容积不得超过 5L。

（2）酒精的含量小于或等于 24% 时，托运数量不受限制。

（3）酒精的含量大于 24%、小于或等于 70% 时，每位旅客托运数量不超过 5L。

3. 禁止托运且随身携带有限定条件的物品

充电宝、锂电池禁止作为行李托运，随身携带时有以下限定条件（电动轮椅使用的锂电池另有规定）：

（1）标识全面、清晰，额定能量小于或等于 100Wh。

（2）当额定能量大于 100Wh、小于或等于 160Wh 时必须经航空公司批准且每人限带两个。

4. 其他物品

国家法律、行政法规、规章规定的其他限制运输的物品。

▶ 任务实施

➪ **第一步**：根据 X 射线机显示的图像颜色判断物品的性质。

X 射线机显示的图像颜色不同，其代表的含义也不同：

红色——非常厚，X 射线无法穿透的物体。

橙色——有机物（如炸药、毒品、塑料等），危险物品（原子序数 10 以内的物质）。

绿色——混合物，即有机物与无机物的重叠部分。

蓝色——无机物，重金属（原子序数大于 10 的物质）。

➪ **第二步**：对查获管制刀具的处理。

非管制刀具不准随身携带，可准予托运。如国际航班有特殊要求，经民航主管部门批准，可按照要求进行处理。

➪ **第三步**：对查获的走私物品、淫秽物品、赌具、毒品、伪钞、反动宣传品的处理。

对查获的走私物品、淫秽物品、赌具、毒品、伪钞、反动宣传品等，应做好登记并将人和物移交民航公安机关、海关等相应联检单位依法处理。

➪ **第四步**：对携带含有易燃物质的日常生活用品的处理。

对医护人员携带的抢救危重病人所必需的氧气袋等凭医院的证明可予以检查放行；对其余人员携带含有易燃物质的日常生活用品，实行限量携带。

（1）对乘坐国际、地区航班旅客（含国际中转国际航班旅客）执行"ICAO⊖指导原则"，措施如下：

1）旅客应将携带的液态物品（液体、凝胶、气溶胶）盛放在容积不超过100ml 的容器内携带。对于容积超过 100ml 的容器，即使该容器未装满液体，也不允许随身携带，而应办理托运。

2）盛放液态物品的容器应宽松地放置于最大容积不超过 1L、可重新封口的透明塑料袋中，塑料袋应完全封好。每名旅客每次只允许携带一个透明塑料袋。超出部分应办理托运。

⊖ 国际民用航空组织（International Civil Aviation Organization，ICAO）是协调世界各国政府在民用航空领域内各种经济和法律事务、制定航空技术国际标准的重要组织。

3）盛放液态物品的塑料袋应在安检点单独接受安全检查。

4）携带的婴儿用奶粉、牛奶、母乳（需有婴儿随行），糖尿病或其他疾病患者必需的液态药品（凭医生处方或者医院证明，在药店购买的除外），经安全检查确认无疑后，可适量随身携带；容器及塑料袋包装要求不执行上述1）～3）的规定。

5）在候机隔离区内购买的液态物品可以带上飞机。候机隔离区免税店、机上免税店工作人员对在国外、境外转机旅客购买免税液态物品负有提醒义务，并应提供符合要求的包装。候机隔离区免税店、机上免税店工作人员出售免税液态物品时，应主动询问旅客是否需要在国外、境外转机。对于需要转机的旅客购买的液态物品应提供符合要求的塑料包装袋，密封后交给旅客，并尽可能用英文打印（或者手写）购买凭证。同时，需要提醒旅客在旅行中要保证塑料袋完好无损，不得自行拆封，并保留登机牌和液态物品购买凭证，以备转机地有关人员查验。

塑料包装袋应符合以下要求：透明的塑料袋；可承载内装物品重量；提交旅客时已经密封（热封或胶封）；密封后不能重复打开，整体任何部位一旦打开就不可复原；袋体应使用中文明显标注"在旅行中，袋体不得打开，否则可能导致袋内物品不准携带乘机"的内容。

6）对国际中转国际航班旅客也执行相关要求。其携带入境的免税液态物品的包装应符合上述第5）项之要求，并须出示机场（机上）免税店的购物凭证，方可予以放行。

（2）对乘坐国内航班旅客暂不执行"ICAO指导原则"，措施如下：

1）旅客可随身携带总量不超过1L的液态物品，液态物品经开瓶检查确认无疑后方可携带。对于部分配备足够数量液态物品安全检查设备的机场，液态物品经设备检查无疑后，可不再执行开瓶检查要求。其他超出部分需要办理托运。旅客在候机隔离区内购买的液态物品可以带上飞机。

2）旅客携带的婴儿用奶粉、牛奶、母乳等液态奶制品（需有婴儿随行），糖尿病或其他疾病患者必需的液态药品（凭医生处方或者医院证明，在药店购买的除外），经安全检查确认无疑后，可适量随身携带。

（3）其他要求及注意事项。

旅客携带酒类物品乘坐民航飞机，数量适度可予以通行，但必须办理托运手续。对于能够确认是酒类的液态物品，在合理范围内不再要求数量上的限制，但是在运输方式上必须办理托运，且应符合民航运输有关规定。根据《危险物品安全航空运输技术细则》规定，属于危险品的酒类物品的运输应按照危险品运输规定办理。

➭ **第五步**：对查获携带枪支、弹药的处理。

（1）警卫人员携带枪支乘坐民航班机，应持有中共中央办公厅警卫局、公安部特勤局、各大军区保卫部和省（自治区、直辖市）公安厅（局）等的证明信（详列持枪人姓名、枪型、枪号、枪支和子弹数量、往返地点、有效期限）和本人的持枪证。安全检查部门核对无误后登记放行，并通知机组。

（2）除上述规定情况外，其他执行公务人员不得携带枪支、弹药登机。

（3）境外人员和我国运动员参加比赛携带的枪支、弹药（包括狩猎枪支、弹药），凭公安部门或边防检查部门出具的枪支弹药携带证明，或者外交部、省级体育行政管理部门等出具的证明信，准予托运。

（4）其他旅客携带枪支、弹药的，应转交机场公安机关处理。

➭ **第六步**：对查出携带军警械具的处理。

（1）军人、政法人员因执行公务携带军警械具的，可办理托运，但不得随身携带。

（2）非军人、非政法人员携带军警械具的，应转交机场公安机关审查处理。

（3）军人、政法人员隐匿携带军警械具的，应转交机场公安机关处理。

➭ **第七步**：特殊物品的处理。

（1）机要物品检查。对装有机要文件的航空专用文件箱，凭中央办公厅机要交通局的机要交通专用证和铅封免于检查；不能铅封的箱（包），凭专用证和贴有金黄色五角星标志免于检查。密码列为"绝密资料，精密设备"，免检代号为"567"（全国通用），凭各省、自治区、直辖市保卫部门或军级以上保卫部门开具的"567"号免检证明书（全国通用）免于检查。

（2）机密尖端产品的检查。对机密以上重要国防军工产品及文字资料，凭国家国防科技工业局保卫部门统一出具的《国防尖端保密物品航空运输安全免检介绍信》《国防尖端保密物品航空运输安全检查验收表》、铅封，到起运机场的机场公安机关办理物品免检手续，免于检查。

（3）装有外汇箱（袋）的检查。对装有外汇的箱（袋），凭中国银行、中国工商银行、中国建设银行等出具的证明信及专用箱（袋）并铅封免于检查。

（4）携带黄金的检查。根据民航局规定，对装有黄金的箱（袋）凭企业经营执照副本和单位介绍信查验放行。

（5）外交、信使邮袋的检查方法。凭外交信使护照和使馆出具的证明，对具有明显标志并加封的外交信使邮袋免于检查。

▶ 知识拓展

一、有下列威胁航空安全行为之一的，交由民航公安机关处理

（1）携带枪支、弹药、管制刀具及其仿制品进入安检现场的。

（2）强行进入候机隔离区不听劝阻的。

（3）伪造、冒用、涂改身份证件乘机的。

（4）隐匿携带危险品、违禁品企图通过安全检查的。

（5）在托运货物时伪报品名、弄虚作假或夹带危险物品的。

（6）其他威胁航空安全的行为。

（7）《中华人民共和国民用航空安全保卫条例》第三十二条规定，携带《禁止旅客随身携带或者托运的物品》所列物品的，安检部门应当及时交由民航公安机关处理。

（8）除第三十二条规定的物品外，其他可以用于危害航空安全的物品，旅客不得随身携带，但可作为行李托运或交给送行人员；如来不及办理托运，可由安检部门按规定办理手续后移交机组带到目的地后交还。不能按上述办法办理的，由安检部门代为保管。安检部门应当登记造册，妥善保管；对超过30天无人领取的，及时交由民航公安机关处理。

（9）对含有易燃物质的生活用品实行限量携带。对超量部分可退还给旅客自行处理或暂存于安检部门。安检部门对旅客暂存的物品，应当为物主开具收据，并进行登记。旅客凭收据在30天内领回；逾期未领的，视为无人认领物品按月交由民航公安机关处理。

二、处置爆炸装置的原则

爆炸装置是具有较大杀伤力的装置，万一爆炸，将引起严重的后果。因此，在处置爆炸装置时（包括可疑爆炸物）要格外慎重。

要尽可能避免爆炸物在人员密集的候机楼内爆炸，即使爆炸也要最大限度地减少爆炸的破坏程度，要千方百计保障旅客、机场工作人员和排爆人员的安全。

发现爆炸装置（包括可疑爆炸物）后，应禁止无关人员触动，只有经过专门

训练的专职排爆人员才可以实施排爆作业。

三、处置爆炸装置的准备工作

1. 做好人员准备

如确定对爆炸装置进行处置，要成立排爆组，除领导指挥外，要由有专业防爆知识和经验的专职排爆人员实施。另外，还要成立医护、消防抢救小组，使其处于待命状态。

2. 准备器材

排除爆炸装置是一项危险性极大的工作，为保障排爆人员生命安全，应尽可能利用一些防护器材和排爆工具。防护器材主要有机械手、防爆筐（箱）、防爆毯、防爆服、防爆头盔等，也可以用沙袋将爆炸物围起来；排爆工具主要有钳子、剪子、刀具、竹签、长棍、高速水枪、液态氮等。

3. 清理现场

（1）打开现场的全部门窗，万一爆炸，冲击波能得到充分的释放。

（2）严禁无关人员进入排爆现场。

（3）转移排爆现场附近的仪器设备，为了减少损失还可将爆炸物用沙袋围起来。

（4）清除爆炸物周围的铁器硬质物体。

4. 确定排爆地点和转移路线

如果爆炸物是可以转移的，要事先确定排爆地点。

（1）排爆地点应该选择在远离飞机场、建筑物、油库、管道、高压线等重点地区，并提前筑好排爆掩体等设施。

（2）转移路线应尽量避开人员聚集、重要设施、交通道路等重点地区，转移时应尽量使用防爆罐。如转移的路线较长时，应使用防爆车辆或特殊车辆进行运输转移，同时还要规划好勤务警戒转移路线和排爆现场。

5. 疏散无关人员

即使是最有经验的排爆人员，使用最有效的排爆器材和工具处置爆炸物，也难以百分之百地保证不发生意外。因此，在处置之前应考虑疏散无关人员。

疏散前应首先大致判断爆炸物的真假，再决定是否疏散人员；然后判断爆炸威力，来决定在多大范围内疏散人员。疏散方式有三种：不撤离，当某件疑似爆炸物的物品有明显的证据是非爆炸物，几乎没有多大的杀伤力时，可不疏散旅客和其他人员，制订适当的局部撤离预案即可；当某件物品被确认为爆炸物，但威力不是很大时，可对旅客和其他人员在一定范围内进行疏散和撤离；当判断爆炸物的威力很大时，要撤离在飞机和建筑物内的全部人员。

四、处置爆炸装置的程序

1. 对爆炸物的判断

对爆炸物的判断包括真假的判断，破坏力的判断，是否有定时装置的判断，是否有水平装置的判断，是否有松、压、拉等机械装置的判断，是否有其他方面装置的判断共六个方面。

2. 对爆炸物装置进行处置

处置爆炸物的首要条件是清查爆炸物的结构，根据其结构的不同选择相应的处置方法：就地销毁法、人工失效法和转移法。

（1）就地销毁法。如确定爆炸物不可移动，可采用就地销毁的方法进行销毁。为减少损失，销毁时可将爆炸物用沙袋围起来。

（2）人工失效法。首先使处于危险状态的延时或触发式的爆炸物的引信失去功能，再对整个爆炸物进行拆卸，使引信和弹体（炸药）分开。

（3）转移法。当爆炸物位于候机楼或飞机等重点场所，并有反拆装置，无把握使其失效但能移动时，应考虑将爆炸物转移到安全地点进行处理。

3. 对危险品进行处置

通常，每一种产品都有一份安全说明书（化学品安全技术说明书，MSDS），附有该产品在运输时的信息，即是否属于危险品。托运人和收货人可以根据安全说明书进行正确操作。常见的危险品大多是化工产品、药品、气体等。如果没有安全说明书，则应建议托运人去专门的空运货物鉴定机构做鉴定。

五、货物、邮件的检查方法

（1）对货物、邮件进行安全检查是指利用安全检查仪器对空运的货物、邮件进行检查，防止伪报、虚报品名或者在货物、邮件中夹带危险品。

（2）对空运的货物应当采取仪器检查或隔离存放等民航局认可的安全措施。

（3）对空运的急救品、鲜活货物、航空快件等有时限要求的货物，应及时进行安全检查或采取民航主管部门认可的安全措施。

（4）对无法用仪器进行检查的货物应至少在货运仓库隔离存放规定时间后方可起运。

（5）对空运货物、邮件进行检查时，应查验托运书或路单填写的各项内容是否完整规范，核对所申报的品名与实际货物是否一致。

（6）对经安全检查仪器检查发现疑点的货物应会同货主或托运人共同开包检查，直至排除疑点后方可放行。

（7）对航空邮件应进行安全检查。发现可疑邮件时，安检部门应会同邮政部门开包查验或退回邮政部门处理。

（8）对特殊部门交运的保密货物、不宜进行安全检查的精密仪器和其他物品，按规定凭免检证明予以免检。

六、机场联检部门工作常识

1. 边防检查部门

我国的边防检查工作由出入境边防检查站负责。出入境者须填写"出入境登记卡片"，交验护照和签证等，由边检人员验讫后在护照上加盖出入境城市和日期的验讫章，将出入境卡留下，护照退还给旅客本人。有些国家对短期（24小时内）过境旅客免办过境签证，并允许旅客将护照留在边防站，领取过境卡片，到市内游览参观，返回时凭过境卡片换回护照。有些国家则要求旅客在出发地办妥过境签证，否则旅客可能会被罚款并退回原地。也有的国家规定，外国旅客离境时要有所在国给予的出境签证。还有的国家规定出境旅客在机场纳税后再检查护照。旅客在拿到经边防站验讫后的护照时，要当场仔细检查护照上的验讫章，以防出错。

边防检查站为维护国家主权、安全和社会秩序，履行下列职责：

（1）对出入境的人员及其行李物品、交通运输工具及其载运的货物实施边防检查：未持出境、入境证件的；持无效出境、入境证件的；持用他人出境、入境证件的；持用伪造或者涂改的出境、入境证件的；拒绝接受边防检查的；未在限定口岸通行的；国务院、公安部门、国家安全部门通知不准出境、入境的；法律、法规规定不准出境、入境的。

（2）按照国家有关规定对出境、入境的交通运输工具进行监护。

（3）对口岸的限定区域进行警戒，维护出境、入境秩序。

（4）执行主管机关赋予的和其他法律、行政法规规定的任务。

2. 海关检查

（1）一般规定。海关检查人员一般仅询问旅客是否有需要申报的物品，但有的国家要求出入境者填写"旅客携带物品申报单"。视工作需要，海关有权开箱（包）检查出入境者所携带的行李物品，但对持外交护照者一般可免验。各国对出入境物品管理规定不同，通常对个人日用品、衣物检查宽松，烟、酒、香水等物品一般可限制在一定数额内予以放行；而文物、武器、当地货币、毒品、动植物是违禁物品，非经特许不得出入国境。有的国家还要求旅客填写货币申报单，超过一定数额的货币不许携带出境。

为方便旅客出入国境，许多大型国际机场分设红、绿两个通道，凡未携带上税物品的旅客可以走绿色通道（比如新加坡的免税品有电子产品、化妆品、手工艺品等），不受海关人员检查；凡携带上税物品的旅客必须走红色通道（比如新加坡的纳税物品有香烟、酒类、皮包、首饰等），接受海关人员的问询。选择走绿色通道的旅客必须确认自己未带任何上税或违禁物品，否则一经查获，违禁物品将被没收，旅客本人也会被课以重税、罚款甚至受到法律制裁。目前，我国主要的海关口岸也已经实行"红绿通道"验放制度。

（2）申报手续。凡持有合法证件出入国境的我国公民及其携带的行李物品须从设有海关的地方通过，并在海关指定的场所、时间办理通关手续。在接受海关查验时，旅客应将本人携带的行李件数、旅行自用物品、手机、手表、照相机、录音机、摄像机等的品牌、型号、数量以及其他需书面申报的物品品名、规格、数量、重量及金额，详细填写在"旅客行李申报单"内。随行家庭成员带有须向海关申报的物品的，可合并填在同一份申报单上。

行李申报单的填写须符合海关的有关规定，如武器、麻醉药、植物等物品必须交海关按规定处理；礼品、样品应当在申报单内填报；若带出外汇则必须交验外汇携带证。旅客如有分离运输的其他行李物品，也应在申报单内表明行李物品的件数、运输方式并提供清单。

"旅客行李申报单"一式两联。第一联交海关留存，第二联经海关盖章后交旅客收执，回程时再交海关办理手续。凡申报不实或隐匿不报的，海关将依法处理。

（3）检查方式和内容。各国海关对外国旅客或非当地居民的检查分以下四种情况：

1）免验，比如欧洲一些机场在海关处写明"不用报海关"。

2）口头申报。过海关时，海关人员只是口头上询问带了什么东西，通常不用开箱检查。旅客不需要填写海关申报单。

3）旅客须填写海关申报单，但在通过海关时，海关人员一般只是口头上询问是否携带了海关所限制的物品，很少开箱检查。

4）旅客须填写海关申报单，通过海关时还要开箱检查。

前三种做法比较普遍，第四种做法较少。

（4）部分限制进出境物品的有关规定。

1）烟、酒：来往港澳地区的旅客（包括港澳旅客和内地因私前往港澳地区探亲旅游的旅客），可免税携带香烟200支、雪茄50支或烟丝250g，酒1瓶（不超过0.75L）；当天往返或短期内多次来往港澳地区的旅客，可免税携带香烟40支、雪茄5支或烟丝40g，不准免税携带酒；其他入境旅客可免税携带香烟400支、雪茄100支或烟丝500g，酒2瓶（不超过1.5L）。

2）旅行自用物品：非居民旅客及持有前往国家或地区再入境签证的居民旅客携带旅行自用物品限照相机、便携式收录音机、小型摄影机、手提式摄录机、手提式文字处理机每种一件。超出范围的，须向海关如实申报，并办理有关手续。经海关放行的旅行自用物品，旅客应在回程时复带出境。

3）金、银及其制品：旅客携带金、银及其制品进境应以自用合理数量为限，其中超过500g的，应填写申报单证，向海关申报；复带出境时，海关凭本次进境申报的数量核放。携带或托运出境在中国境内购买的金、银及其制品（包括镶嵌饰品、器皿等新工艺品），海关验凭中国人民银行制发的"特种发票"放行。

4）外汇：旅客携带外汇、旅行支票、信用卡等进境，数量不受限制。居民旅客携带1 000美元（非居民旅客5 000美元）以上或等值的其他外币现钞进境，须向海关如实申报；复带出境时，海关验凭本次进境申报的数额核放。旅客携带上述情况以外的外汇出境，海关验凭国家外汇管理局制发的"外汇携带证"查验放行。

5）人民币：旅客携带人民币进出境，限额为6 000元。超出6 000元的不准进出境。

6）文物（含已故现代著名书画家的作品）：旅客携带文物进境，如需复带出境，应向海关详细报明；旅客携运出境的文物，须经中国文化行政管理部门鉴定。

携运文物出境时，必须向海关详细申报。对在境内商店购买的文物，海关凭中国文化行政管理部门的鉴定标志及文物外销发货票查验放行；对在境内通过其他途径得到的文物，海关凭中国文化行政管理部门的鉴定标志及开具的许可出口证明查验放行。

未经鉴定的文物，不能携带出境。携带文物出境不据实向海关申报的，海关将依法处理。

7）中药材、中成药：旅客携带中药材、中成药出境前往国外的，总值限人民币 300 元；前往港澳地区的，总值限人民币 150 元。进境旅客出境时携带用外汇购买的、数量合理的自用中药材、中成药，海关凭有关发货票和外汇兑换水单放行。麝香以及超出上述规定限值的中药材、中成药不准出境。

3. 出入境检验检疫部门

（1）出入境人员的卫生检疫。

旅游签证可自行前往，不需要办理健康证和预防接种证明。

持工作签证的境外人员可以到出入境检验检疫部门进行验证，需提交下列资料：①所在国（地区）公立医院或经公证机构公证的私立医院签发的有医师签名及医院盖章的体检报告原件；②常规健康检查记录及 HIV 检验、性病检验、胸部 X 线检查（含胸片）等原始报告；③签发日期在 6 个月之内。经验证后发放外国人验证证明。

根据《中华人民共和国国境卫生检疫法》及其实施细则，出入境人员应该到检验检疫机构进行健康检查。该机构仅对严格核对过身份，同时在受控条件下接受健康检查的受检者签发健康证。

凡在境外居住 1 年以上的中国籍人员，入境时必须向卫生检疫机关申报健康情况，并在入境后 1 个月内到就近的卫生检疫机构或者县级以上的医院进行健康检查。公安机关凭健康证明办理有关手续，健康证明的副本应当寄送到原入境口岸的卫生检疫机关备案。

国际通行交通工具上的中国籍员工，应当持有卫生检疫机关或者县级以上医院出具的健康证明。健康证明的项目、格式由国务院卫生行政部门统一规定，有效期为 12 个月。

（2）出入境动植物的检疫。

根据民航有关规定，旅客可以携带宠物随机出行，但必须在订座或购票时提出，并提供县级以上卫生检疫部门出具的动物检疫证明，经承运人同意后，提前到达机场货运处办理宠物随机托运手续。宠物要用旅客自身携带的铁质容器装好，并能保证宠物排泄物不外漏，以保持货运舱内的卫生清洁。宠物、容器和食物按逾重行李交付托运费。凡是托运的宠物，机场都会按照规定将其放置在班机的有氧舱，保证宠物的安全。

1）由于宠物只能作为托运行李装在货舱内，因此旅客必须提前3小时到货运部门办理托运手续。

2）宠物必须具有卫生检验检疫部门出具的健康证明，注射预防针免疫证明和动物检疫证明。

3）如果涉及国际运输，还要具备出入境有关国家的必要证明。

阅读与思考

旅客高先生欲乘机飞往郑州，在抵达首都国际机场后发现由于天气原因造成很多航班延误。高先生不知道自己所乘航班是否能准时起飞，同时自己又是第一次乘坐飞机，有几个箱包需要办理托运手续，便焦急地向旁边的安检员小郝询问相关问题。安检员小郝在细致地解答高先生的疑问的同时，还不忘安抚他不要着急，而且始终面带微笑、语气关切。安检员小郝这种热情的服务态度以及耐心的解释彻底消除了高先生心中的焦虑，让高先生感受到了家一般的温暖。旅客高先生非常感动，再三对安检员表示感谢，同时高度称赞首都国际机场优质的服务质量。

考核评价

小组按角色分别扮演旅客与机场安检人员，进行禁止或限制携带、运输物品的检查与处理工作，将评价考核结果填入表3-5。

表3-5 识别和处理禁止或限制携带、运输的物品考核评价表   总得分

项 目	评分标准	小组自评	小组互评	教师点评	实际得分
仪容仪表	1. 穿着统一制服；用发带盘发，无碎发；未佩戴饰品（手表、手链、耳环、项链等）；未染指甲，指甲干净。20分				

（续）

项　目	评 分 标 准	小组自评	小组互评	教师点评	实际得分
仪容仪表	2.穿着统一制服；用发带盘发，有碎发。未佩戴饰品（手表、手链、耳环、项链等）；未染指甲，指甲干净。15分 3.未穿制服；盘发有碎发；佩戴有少量饰品；未染指甲，指甲干净。10分 4.未穿制服；未盘发，佩戴造型夸张的饰品；指甲不干净。5分				
站姿微笑	1.站姿规范，微笑自然。20分 2.站姿较规范，微笑基本自然。15分 3.有微笑，站姿不符合岗位规范。10分 4.无微笑，站姿不符合岗位规范。5分				
文明用语	1.能正确使用岗位文明用语。20分 2.较准确使用岗位文明用语。15分 3.基本能使用岗位文明用语。10分 4.不能使用岗位文明用语。5分				
识别禁止或限制携带、运输物品	1.能准确识别和熟练处理禁止或限制携带、运输的物品。20分 2.较准确识别和处理禁止或限制携带、运输物品。15分 3.基本能识别，但未能处理禁止或限制携带、运输物品。10分 4.不能识别和处理禁止或限制携带、运输物品。5分				
动作规范	1.检查动作规范熟练，还原箱（包）整齐规范。20分 2.检查动作较规范，还原箱（包）较整齐规范。15分 3.检查动作不规范，物品有掉落，还原箱（包）凌乱。10分 4.检查动作不规范，检查过程中有物品损坏，未能及时还原箱（包）。5分				

注：实际得分＝教师点评 40%＋小组互评 30%＋小组自评 30%。

练一练

案例分析

旅客刘女士与其先生乘坐某航班经过安检通道过检。其随身携带的行李箱经过 X 射线机检查时，显示图像不清晰且存在须经"防爆检测仪"进一步检测以排除疑点的不明物品。防爆检测员接到此通道开机员的防爆检测指示后，按照防爆检测流程对其箱（包）进行防爆测试。防爆检测员在对箱（包）进行取样时，刘女士对防爆检测表示不理解并反复追问，但安检员未能给予合理、详尽的解释说明。刘女士对安检员未能及时、耐心地解答其疑问表示不满。请分析安检员的岗位态度是否存在问题并给出合理正确的做法。

微课6　物品检查
的鉴定考核流程

参 考 文 献

[1] 王立军 . 民航安全检查员 [M]. 北京：中国民航出版社，2017.

[2] 魏全斌 . 民航安全检查实务 [M]. 北京：北京师范大学出版社，2014.

[3] 钟科 . 民航安全检查技术 [M]. 北京：清华大学出版社，2017.

[4] 郎德琴，张根岭 . 民航安全检查 [M]. 北京：中国劳动社会保障出版社，2019.